Cómo superar las dificultades escolares

D1619154

SIGRID LEO

Cómo superar las dificultades escolares

Enséñele a estudiar

EDICIONES MEDICI

La edición original de esta obra ha sido publicada en alemán por
Kösel-Verlag GmbH & Co., Múnich, Alemania, con el título

PLÖTZLICH MACHT ES KLICK!

Traducción
Arantxa Galdós

Diseño de la cubierta
Cèlia Vallès

© Kösel-Verlag GmbH & Co., Múnich, 2000
   y para la edición española
© Ediciones Médici 2001
   Plató, 26 – 08006 Barcelona
   www.ediciones-medici.es

ISBN 84-89778-45-0
Depósito legal B. 40.273-2001
Printed in Spain
HUROPE, S.L.

Í NDICE DE MATERIAS

P RÓLOGO

Hay numerosos libros sobre educación y «ayuda al aprendizaje». No quisiera que éste fuera uno más, ya que muchos autores cometen el error de hacerle ver, al explicar sus consejos y trucos, lo poco que usted sabe y de ese modo a menudo fomentan en usted sentimientos de inferioridad. Pensará que si supiese tanto como el autor las cosas le irían mejor a su hijo. Los consejos y estrategias para mejorar una situación dada son muy necesarios, pero se deberían utilizar sobre la base de una conducta de adulto seguro de sí mismo.

Mi opinión es que, hasta ahora, usted ha hecho lo correcto para mejorar la situación de su hijo. Se ha esforzado y ha buscado la manera de ayudarle. También él ha tenido éxito, ya que se ha defendido de todos los intentos que le obligan a amoldarse a las circunstancias y que suponen una traición a su propia naturaleza, a su individualidad.

Su crisis de aprendizaje es su única posibilidad de continuar mentalmente sano. Su hijo lucha por su yo, por la conservación de su naturaleza innata y de su integridad.

No deberíamos amoldar a nuestro hijo, mediante determinadas estrategias, a un entorno que no le ayuda a ser él mismo, sino que hemos de ayudarle a ser una persona sana dentro de ese entorno.

Lo logrará a través del amor a su hijo. Y estoy convencida de que unos padres apenas si necesitan consejos y trucos. «¿Cómo educo correctamente a mi hijo?» y «¿Cómo aprenderá mejor mi hijo?», son preguntas que sólo usted puede responder si se afirma en el amor hacia su hijo. Si le demuestra su cariño y mantiene unas normas, no habrá errores en su educación.

Las acciones equivocadas nacen sólo del círculo vicioso compuesto de amor, complejo de inferioridad y sentimiento de culpa. Si nos desprendemos de ambos, sólo queda el amor como elemento fundamental, y ese amor tiene un efecto positivo sobre el niño. El día en que usted reconozca esto y muestre amor hacia su hijo todo resultará más fácil. Su hijo y usted se entenderán con la mayor reciprocidad.

Con este libro desearía ayudarle a solucionar poco a poco los sentimientos de culpa, y a fomentar la idea de que sólo usted sabe con exactitud qué es lo mejor para su hijo en cada situación. Desde mi experiencia como madre y pedagoga quisiera que eliminara los sentimientos de desánimo e inferioridad que le acosan y ayudarle a deshacer los nudos que han formado el amor y el sentimiento de culpa, encaminándole así hacia un ciclo positivo y fortalecedor de amor-orgullo-éxito.

Padres y niños se comunican entre ellos y son felices de nuevo. Usted irradiará una vitalidad natural y emitirá esa señal a su entorno:

«Ya sabía que yo era una buena persona, sólo que vosotros lo ignorabais».

Los niños se comportan de repente con autoestima, se reafirman, son más pacíficos y se plantean intensamente el reto de competir, ser más fuertes y crecer.

A lo largo de mi vida profesional he experimentado que eso es posible y al igual que lo he conseguido en el trabajo conjunto con niños y padres en mi consulta, también lo conseguiré con usted y su hijo. Y por eso deseo que alcancemos todo el éxito posible.

¿POR QUÉ NOS ASUSTA APRENDER?

Antes de comenzar el capítulo que ustedes considerarán sin duda el más importante, «Cómo puede ayudar a su hijo», quisiera exponer unos conocimientos generales a los que he llegado a través de la investigación científica, de mi experiencia personal acumulada como madre y pedagoga de escuela.

Desde el punto de vista pedagógico, el aprendizaje significa interiorizar una determinada materia y poder aplicarla, además de ser capaz de crear algo nuevo al enlazar estos conocimientos recién adquiridos con otros anteriores. Aprender es, por consiguiente, un proceso creativo que podemos seguir ampliando.

El aprendizaje se lleva a cabo a diferentes niveles:
• El cognitivo-abstracto (cognoscible).
• El simbólico.
• El de aprender haciendo.

Para aprender «a aprender» y hacer comprensible lo que estamos explicando, es útil acercarse siempre a un tema en concreto desde un plano de comprensión profundo. Por ejemplo: si un niño tiene dificultades cuando opera con fracciones, el primer paso para facilitar su aprendizaje consistiría en dibujar un círculo, lo que correspondería al nivel simbólico.

1/4 es entonces

Queda claro que 1/4 + 1/2 = 3/4

Entonces + =

El aprendizaje, en la mayoría de los casos, es más divertido en el nivel de aprender haciendo.

¡Deje que su hijo divida una pizza de modo que cada miembro de la familia reciba el mismo número de trozos!

Casi todos los libros de ayuda al aprendizaje para niños con dificultades escolares proponen el tema que se quiere enseñar tanto en un plano simbólico como en el de aprender haciendo.

Pero los materiales de aprendizaje que utilizan el nivel de aprender haciendo conllevan con demasiada frecuencia un grave peligro: ser muy condescendientes. Costará mucho motivar a los niños que han aprendido así para que lo hagan de nuevo a partir del pensamiento abstracto, más trabajoso. Por tanto es muy importante utilizar alternativamente los diferentes niveles.

Esta alternancia y conducirlos hacia el pensamiento abstracto son de suma importancia, ya que el pensamiento en esencia, y el enlace de los contenidos ya aprendidos sólo es posible en el nivel abstracto.

El aprendizaje continuado en el nivel de aprender haciendo es fácil que conduzca a la pereza para razonar, pereza que más tarde puede trasformarse en serias dificultades de aprendizaje. Aunque éstas también surgen si hay una preferencia exclusiva del plano abstracto que no permite una «comprensión» en el amplio sentido de la palabra.

Desde el punto de vista psicológico, el aprendizaje tiene lugar en diferentes campos de representación. Hay niños, por ejemplo, que utilizan una parte de su sistema nervioso más que las otras. Aquí diferenciamos varios grupos:

• El visual, que aprende de forma primordial a través de las imágenes.

- El auditivo, este grupo piensa en palabras.
- El cinético, que reacciona sobre todo ante la percepción y el movimiento.

Por ello un buen material de aprendizaje debería abordar todos estos campos de representación, para que cada uno de los alumnos que pertenece a un tipo de aprendizaje diferente, encuentre la manera más propicia de aproximarse al tema.

Aunque aquí parece complicado y difícil de conseguir, los buenos maestros lo logran de una manera fundamentalmente intuitiva, ya que están en contacto directo con sus alumnos e identifican a cada uno de ellos y, por lo general, reaccionan «automáticamente» a las señales que sus pupilos les hacen sobre su manera de acceder a los contenidos.

Los niños cinéticos reaccionarán, por ejemplo, ante la frase: «Si os sentáis derechos en vuestras sillas y tenéis el bolígrafo en la mano, entonces veremos que...». Un alumno más visual reaccionará ante las palabras: «ahora mira, voy a escribirlo». Para el niño de tipo auditivo la frase podría ser: «Es importante que ahora todos escuchemos con atención».

El aprendizaje, en sentido general, se basa siempre en la curiosidad, tanto en los adultos como en los niños. La curiosidad implica motivación; la motivación hacia algo nuevo trae consigo una transformación y esta última significa seguridad, por lo cual no nos arriesgaremos a aproximarnos a lo nuevo si no hay seguridad, que debe ser tan grande que siempre nos sintamos a salvo. Sólo entonces adentrarnos en el «nuevo territorio» nos parecerá deseable y factible. Una seguridad de este tipo significa confianza. Pero la falta de confianza nos lleva al miedo. El que tiene miedo se siente inseguro; la persona insegura no se atreve a acercarse a algo nuevo porque teme el cambio. Si la motivación sobre lo nuevo no existe, el niño no siente curiosidad alguna: tiene miedo a aprender.

Después de todo esto, sin duda, querrá saber cómo se crea el círculo vicioso ante un problema de aprendizaje o cómo se resuelve un bloqueo:

La confianza da la seguridad. La seguridad posibilita la motivación hacia lo nuevo. La motivación de lo nuevo trae consigo la curiosidad. La curiosidad es la base del aprendizaje.

En el capítulo Fases del proceso de aprendizaje nos ocuparemos en detalle de los componentes de esta cadena que se refuerzan recíprocamente e influyen de manera positiva en el aprendizaje. Antes quisiera abordar de forma especial el conjunto de dificultades y bloqueos de aprendizaje.

¿CÓMO SURGE EL MIEDO A PARTIR DE LOS PROBLEMAS DE APRENDIZAJE?

Un niño que tiene miedo a aprender, a lo nuevo, se resiste a cada intento de enseñarle algo distinto. Cuanto más se le insista, se le mortifique desde el exterior, más se agudizará el problema de aprendizaje, que puede llegar a convertirse en bloqueo.

Un niño que se niega a hacer los deberes escolares, a ir al colegio, a escribir, a leer o a realizar cálculos matemáticos, tiene un problema de aprendizaje. Un bloqueo en el aprendizaje es un problema consolidado con una tendencia a desencadenar otros miedos, en los padres y el niño. Este miedo se puede hacer tan fuerte que a veces lleva a una paralización psíquica, a una deformación de la propia conciencia o a una ausencia de la misma. Un niño «se desconecta en un corto período de tiempo». En ese momento puede tomar la decisión, sin ser consciente de ello, de no contestar a preguntas sobre conocimientos previos. Sus respuestas no tienen relación, en parte, con el sentido de la pregunta. Al mismo tiempo, no muestra ante ellas reacción emocional o inseguridad o duda. Está ausente anímicamente (a corto) o a largo plazo.

La característica común a todos los problemas de aprendizaje es una exigencia excesiva. Debido a ella, el niño y más tarde los padres, no reaccionan apropiadamente ante un reto.

Esta exigencia excesiva puede estar causada, como se explica en el capítulo anterior, por el abuso en la utilización del pensamiento lógico en el plano abstracto.

También ocurre a veces que se pide constantemente a un escolar que aprenda algo nuevo, aunque no haya digerido, en absoluto, los conocimientos anteriores. O que el niño está abandonado por el profesor, ya que éste ofrece el material de aprendizaje tan sólo en un plano de representación.

Cuando nos guiamos por los nuevos resultados en la investigación del cerebro, queda claro que incidir siempre sobre un plano de representación dado, al elegir el material de aprendizaje, puede provocar una sobrecarga en una parte del cerebro.

El cerebro humano se compone de dos mitades, que están separadas por una especie de barra. Cada una de estas partes tiene sus funciones específicas. Así se establecen diferentes características para la mitad derecha o la izquierda del cerebro:

Hemisferio izquierdo	Hemisferio derecho
Pensamiento lógico	Percepción de la forma
Lenguaje (sintaxis, gramática)	Concepción global
Hemisferio verbal	Sensación espacial
Lectura	Formas de lenguaje arcaicas
Escritura	Música
Cálculo	Olfato
Números	Esquema
Comprensión del entorno	Imagen cerrada del mundo
Pensamiento digital	Pensamiento analógico
Pensamiento lineal	Simbolismo
Transcurso del tiempo	Intemporalidad
Análisis	Holismo
Inteligencia	Intuición
	Cantidades lógicas

Es fácil deducir de este cuadro la razón por la que hoy en día nos encontramos con un número cada vez mayor de niños con problemas de aprendizaje. Ello es debido a que en nuestro sistema escolar se trabaja principalmente con la mitad izquierda del cerebro.

En muchos niños, la mitad derecha del cerebro está subdesarrollada pues no se establece intercambio alguno entre ambas mitades. Mientras que el hemisferio izquierdo se sobrecarga y cansa, las habilidades del derecho se atrofian.

El resultado de la sobrecarga de una mitad del cerebro es similar al de la respuesta de cualquier músculo del cuerpo que se somete a un fuerte esfuerzo: las agujetas. ¿Recuerda ese dolor en un músculo con agujetas que a pesar de todo tiene que seguir moviendo? Algo parecido siente un niño que, después de cinco horas de clase en el colegio, al poco rato tiene que hacer los deberes. ¡Después del «trabajo del colegio que carga el lado izquierdo» tiene que relajar esa cansada mitad, al mismo tiempo que la otra mitad del cerebro necesita estímulo y actividad!

Aquí precisamente comienza el trabajo pedagógico con un niño. Mientras una parte del cerebro se relaja, la otra se activa. Esto lleva en poco tiempo a resultados extraordinarios, ya que el cerebro, estimulado, utilizará sus reservas completas.

¡Qué agradecido es un niño que puede ser productivo con la mezcla de ambos hemisferios, derecho e izquierdo, del cerebro! Al trabajar la concentración y la conducta en la labor con aspectos creativos, con tareas manuales y música, se consigue tranquilidad y calma. Estas tareas permiten que el caos campe a sus anchas sobre la energía ordenada de la otra mitad del cerebro. Como dije al comienzo del capítulo, la exigencia excesiva, combinada con el miedo, hace que surjan problemas de aprendizaje. Este miedo se agudiza cuanto más torpe sea la reacción del adulto con respecto al miedo infantil. Un profesor muy exigente, por ejemplo, que «fuerza» a que sus alumnos aprendan, e incluso los amenaza con castigos, refuerza naturalmente el miedo infantil hacia el aprendizaje. Es en este momento (o con adultos impacientes) cuando se establece una relación entre el aprendizaje y el miedo. Por miedo al castigo el niño «aprende», tanto como puede, hasta que llega a la dificultad. Entonces el adulto, a menudo, no conoce la manera de seguir adelante.

El niño que ha aprendido por miedo al castigo no aprenderá motivado por nada, ni tan siquiera a cambio de una recompensa.

Sobre este tema –el aprendizaje autoinducido o inducido por el exterior, así como las motivaciones exteriores (extrínsecas) e internas (intrínsecas)– profundizaré en el siguiente capítulo.

Como se ha explicado, el aprendizaje significa la renuncia a lo conocido y la iniciación a lo desconocido, lo nuevo. Por eso es totalmente comprensible una reacción inicial agresiva.

Cuando vemos que, día tras día, un niño tiene que aceptar lo nuevo y abandonar lo ya conocido, nos resultará comprensible que reaccione con miedo ante cargas adicionales. Nosotros, padres y pedagogos, deberíamos tenerlo siempre en cuenta al tratar con el niño y apoyarle, animarle y alentarle para que se vuelva de nuevo «curioso».

Recordemos una vez más lo que hemos dicho antes: aquí tiene la posibilidad de comportarse como un adulto frente al miedo infantil:

Dele confianza e intente ofrecerle tanta seguridad como le sea posible, para que sea capaz de volver a aprender.

Cuando analicemos, a continuación, las dificultades de aprendizaje más comunes, como lector atento que usted es, estará casi en disposición de tratar los problemas de aprendizaje concretos de manera efectiva y, posiblemente, de solventarlos. Tal vez ya reconozca incluso la causa que subyace en el fondo del problema. Hoy en día diferenciamos:

- el Trastorno por Déficit de Atención con Hiperactividad (TDAH),
- el Trastorno de Lectura y
- la Discalculia o Trastorno de Cálculo.

En el caso del Trastorno por Déficit de Atención con Hiperactividad nos encontramos con niños que son distraídos y en parte hiperactivos. Siempre están ocupados con algo, oyen cada ruido que se produce a su alrededor, observan cuanto sucede en su entorno inmediato. Lo quieren todo y no terminan casi nada. Estos niños son hiperactivos o hipercinéticos.

La característica más relevante de los niños con esta dificultad de aprendizaje es su incapacidad de concentrarse y estar tranquilos, entretenidos consigo mismos y sus sentimientos. En el caso del TDAH, el sistema nervioso está trabajando en exceso y el niño tiene problemas con el orden y la clasificación de emociones y experiencias; ha perdido el contacto con sus propios sentimientos y vivencias. El adulto debe dirigirse a él siempre con tranquilidad, no tomarse como algo personal las provocaciones y apoyar la conversación con caricias y palabras cariñosas.

A menudo, también ayuda a estos niños reducir el consumo de dulces, algo bastante difícil de llevar a cabo, ya que frecuentemente es la única manera de tranquilizar al pequeño por un corto período de tiempo.

La supuesta tranquilidad que dan los dulces no sustituye al contacto tranquilizador y la satisfactoria sensación del amor. Antes que un dulce, resulta de gran ayuda, por ejemplo, comer una pieza de fruta mientras habla con su hijo. Así el niño no experimenta presión alguna y a menudo se acalla el deseo de dulce por medio del azúcar contenido en la fruta.

En general este tipo de trastorno afecta, en mayor o menor medida, al resto de problemas que vamos a tratar. Pues ¿qué es lo que nosotros mismos hacemos a veces? También perseguimos una meta después de otra o de una actividad pasamos sin transición a la siguiente sin que hayamos asimilado lo que nos ha sucedido en la inmediata anterior.

El problema fundamental es la falta de concentración y presencia mental.

Debido a que la capacidad de concentración varía mucho de una persona a otra (y que en niños con un Trastorno por Déficit de Atención puede ser muy escasa o casi inexistente), en todos los casos son aconsejables los ejercicios de concentración y tranquilidad que usted puede practicar con su hijo.

Estos ejercicios tienen como objetivo hacernos conscientes del presente, del momento actual. Experimentará lo difícil que resulta (incluso a nosotros mismos) escuchar, ver, oler y en algunos casos saborear algo, sin desviar la atención y siendo completamente conscientes si intentamos mantener la atención durante un tiempo. En la mayoría de los casos, en ese preciso momento, nos ponemos a pensar en que quizá no hayamos desenchufado la plancha, que tenemos que telefonear de inmediato a alguien o que necesitamos hacer algo urgentemente, antes de poder pensar en tranquilizarnos. En otras palabras:

Nos evadimos demasiado a menudo de lo que ocurre en el momento presente.

Entonces, ¿por qué van a reaccionar nuestros hijos de un modo distinto?

¡También para nosotros, los adultos, es provechoso que aprendamos a concentrarnos en lo que sucede en determinados momentos! Aunque supone un gran reto, pues hay muchos obstáculos que desvían nuestra atención y que debemos superar antes de llegar al objetivo de vivir completamente el momento presente. Este proceso de aprendizaje sólo se puede realizar poco a poco; por tanto tenemos que introducir (también por el interés de nuestros hijos), tan a menudo como nos sea posible, ejercicios de concentración en la vida diaria.

Por ejemplo, vaya a pasear con su hijo por el bosque en un bonito día de verano y conviértalo en un «paseo sonoro». ¡Se asombrará de la cantidad de sonidos diferentes que se pueden escuchar!

Esto es lo que un pedagogo llama «Aprender con todos los sentidos». Sólo significa fomentar la capacidad de los niños de percibir por los sentidos cosas nuevas y crear con ello lazos emocionales hacia lo que se quiere aprender.

Para continuar con el ejemplo, «paseo sonoro por el bosque», nos es dado transformarlo en un contenido de aprendizaje de una clase como la «vida en el bosque». Además se pueden tocar los objetos del bosque con los ojos cerrados; por ejemplo, espigas, cortezas de árbol, frutos, hojas, piedras, etc. O también oler, esta vez de un modo consciente: la tierra húmeda, una flor, el tronco de un árbol, las setas en la hierba fresca, el aire después de una refrescante lluvia de verano...

Se quedará asombrado de que somos capaces de agudizar nuestros sentidos, lo que significa que nuestros hijos alcanzarán una mayor percepción y también concentración.

Con todos estos ejercicios activamos la mitad derecha del cerebro. Recuerde que el olor, la música, el sentido espacial, la concepción global, la intemporalidad, se encuentran en ese lado del cerebro. Y tenemos que oponer a cada tipo de sobrecarga (que como sabemos es la causa de los problemas de aprendizaje) la consiguiente relajación, volver a la tranquilidad y al meditativo estar aquí y ahora, que es el mejor modo de solucionar los problemas y de recobrar fuerzas.

En la convivencia con un niño hiperactivo también es muy importante esforzarse en la vida diaria por concentrarse completamente en su hijo y en todas sus demostraciones cuando esté con él. Obsérvese:

- ¿Escucha de verdad a su hijo cuando habla con usted?
- ¿Comprende lo que él experimenta o ha experimentado cuando le cuenta lo que le ocurre?
- ¿Tiene de verdad en cuenta a su hijo?
- ¿Ha observado si se ha arreglado especialmente?
- ¿Nota las pequeñas cosas de su hijo, como si se ha cortado el pelo de manera diferente o si de repente puede decir una palabra nueva y difícil?
- ¿Sigue notando lo suave que es su piel, por ejemplo, después del baño o si tiene las manos frías?

Cuanto más repare en su hijo en el momento actual, más fomenta en él la concentración en lo que sucede y le ayuda a percibir cosas nuevas, absorber y volver a aprender y a relacionar los sentidos con todo aquello que observa.

En la última parte del libro describiré, bajo este punto de vista, mi pedagogía del ser.

Debido a que el objetivo que ambicionamos es vivir el presente (cada momento, sin interferencias del pasado o de lo que nos espera en el futuro) tenemos que concentrarnos en establecer en el momento presente los retos necesarios.

Después de habernos ocupado del Trastorno por Déficit de Atención con Hiperactividad, quisiera abordar otro problema de aprendizaje, la discapacidad lectora y de escritura (Trastorno de Lectura).

La legastenia ([del griego] *leg-* leer y *astenia-* debilidad) o dislexia pertenece a las dificultades del aprendizaje conocidas universalmente.

Los niños con una dificultad de lectura-escritura tienen problemas, por ejemplo, para escribir una palabra que oyen. O confunden letras de formas similares como b y d.

También en este caso (como en todas las dificultades descritas), la dificultad de escritura-lectura surge durante los primeros años escolares debido a la sobrecarga en la fase del aprendizaje de la lectura.

Pero ¿de dónde viene la negación ante la sobrecarga y por tanto el negativo círculo vicioso de sobrecarga-estrés-miedo?

Por cuanto he podido observar, hay un punto crítico en cada niño que se da poco antes de leer correctamente su primera palabra. Es posible que este punto pase desapercibido, pero es cuando el niño se siente inferior dentro de la sociedad que forma la clase, ya que «todos los demás» ya leen. Y así el niño que aún no es capaz de hacerlo siente la presión, la soporta y se sobrecarga, entonces empieza a sentir miedo y el flujo normal del aprendizaje se estanca.

Este punto crítico a la hora de aprender a leer tiene un influjo decisivo en el origen de una dificultad de aprendizaje. Abordaré este asunto en el siguiente capítulo, extensamente, cuando tratemos del proceso de aprendizaje y de los indicios que nos hacen saber cuál es el momento anterior a aprender un nuevo contenido.

Para que usted sea consciente del enorme esfuerzo de aprendizaje que un niño precisa realizar durante los primeros años de escolarización, quiero sensibilizarle sobre la situación de los alumnos de primaria: hasta el ingreso en la escuela, el niño manipula objetos reales como bloques, plastilina, legos, etc., con los cuales puede hacer cosas. El mundo de los escolares primerizos comprende contenidos completamente diferentes: los niños aprenden cantidades, números y letras. Aprenden que el signo «L» se llama «ele», que la letra «A» tiene como nombre «a». Cuando la L se añade a la A, surge algo que se llama «la»...

Los niños de esta edad están preparados para dar este paso al aprendizaje abstracto, lo desean, se hallan motivados, porque quieren crecer y desean aprender cosas que los adultos dominan.

La escuela se equipara en esta edad con «ser finalmente mayor como los padres, hermanos, etc.».
Si ustedes como padres se acercan atentos al mundo infantil de su hijo, escucharán y experimentarán cómo descubre las letras y las une en sílabas. Si acompañan conscientemente a su hijo en esta fase de aprendizaje, en el trascurso del año escolar, llegará el momento en que su pequeño leerá por sí solo su primera palabra compuesta de letras y sonidos. Ese momento crucial decidirá el posterior desarrollo del proceso de aprendizaje de la lectura.

Al igual que el primer diente, el primer paso, la primera palabra oral, así es la primera palabra leída, un hito en el camino hacia posteriores éxitos escolares.

¡Si es usted un «padre afortunado», vive conscientemente ese momento y comparte con el niño su alegría y entusiasmo, puede estar seguro de que su hijo ya ha aprendido a leer!
Pero cuando, por diversas circunstancias, el pequeño se encuentra siempre solo en esta fase y en el momento de leer su primera palabra nadie la aprecia, se siente inferior a los compañeros que ya han pasado por esa expe-

riencia. Cuando los padres o educadores exigen al niño, con especial intensidad, que aprenda a leer, el pequeño se siente cada vez más incomprendido y solo: se ha originado la dificultad de aprendizaje.

El camino de las dificultades de escritura-lectura se entiende fácilmente: añadir un nuevo contenido de aprendizaje a uno anterior que no se ha llegado a comprender conduce a un caos mental y, en cierto modo, es así como percibe un disléxico las palabras escritas.

Para solventar esta dificultad hay que volver al punto de origen y provocar la vivencia clave (temporalmente aplazada).

Debería ofrecer toda la ayuda imaginable a este niño que ha empezado de nuevo a aprender: una vieja máquina de escribir arrinconada, por ejemplo, o servirá una caja con moldes de imprenta, porque resulta divertido unir las letras aisladas de sonidos o palabras; además, la carga adicional de escribir no entorpece el proceso del aprendizaje de la lectura (esto suele llevar, a menudo, a una escritura indescifrable).

Siempre es aconsejable hacer un examen médico de la capacidad auditiva y visual de su hijo, ya que el proceso de aprendizaje de la lectura y escritura puede verse afectado por un rendimiento deficiente de la capacidad auditiva o visual.

Lo que digo a continuación vale para todos los adultos, hable siempre a los niños muy claro, para que perciban bien las palabras.

Para darles un ejemplo de cómo discurre un proceso de aprendizaje correcto quisiera hablarles de Maurice, un pequeño encantador que, poco antes de su ingreso en el colegio, vino a mi consulta para hacer unas pruebas de su capacidad escolar y trabajar la psicomotricidad.

En aquel entonces Maurice era un pequeño motivado y despierto al que le gustaba aprender. Como yo no tenía duda alguna de su madurez escolar, recomendé su ingreso en la escuela. Seguí la época de sus primeras experiencias escolares con atención e hice acudir al niño rápidamente a mi consulta cuando su madre me contó que Maurice (poco antes de Navidades) había tenido unos «enormes» problemas escolares.

Poco antes de dar un paso adelante hacia el desarrollo se desencadena una crisis, como ya antes mencioné y luego explicaré con mayor detalle. Ésta era la verdadera razón de su «enorme problema»: él «quería aprender algo», pero para ello le faltaban las habilidades necesarias. Nos sentamos a la mesa y miramos su cuaderno. Leí con detenimiento las explicaciones que de él daban la profesora y sus amigos e hicimos sus deberes. Una vez hube «examinado» la situación, me di cuenta de su problema: quería aprender inmediatamente a leer.

Cuando la madre, una hora más tarde, recogió a su pequeño Maurice, éste guardó sus libros y cuaderno en la cartera y aproveché la oportunidad para una charla personal. Expliqué a la madre la razón del problema. Cuando profundizamos en nuestra charla, el niño gritó de pronto: «¡Selena!». La madre reaccionó algo disgustada frente al molesto grito y amonestó a Maurice diciéndole que no debía hacer ruido y que tuviera un poco de paciencia. En ese momento me di cuenta que Maurice acababa de leer su primera palabra. «Selena» era lo que estaba escrito en el paquete de algo que su madre acababa de comprar y había dejado sobre la mesa. Pueden imaginarse mi alegría, y todavía recuerdo lo orgulloso que estaba Maurice por lo feliz que me había hecho.

Desde entonces es uno de los mejores lectores de la clase y como me aseguró su profesora en una reciente conversación, «una gran ayuda en la clase y un verdadero ejemplo de buen rendimiento».

Para concluir con la descripción de las dificultades de aprendizaje que ya conocemos, quisiera abordar seguidamente la dificultad en el cálculo matemático o discalculia. Como se deduce del nombre, estos niños tienen problemas para comprender los números intelectualmente, imaginarse los números aislados y realizar operaciones de cálculo.

Los niños con dificultades de cálculo cuentan con los dedos y no reconocen (o lo hacen con muchas dificultades), cantidades, el orden de los números y las secuencias lógicas.

Llama la atención en estos niños que les gusta más hacer operaciones de adición que de sustracción, prefieren multiplicar a dividir y también contar hacia delante en lugar de hacia atrás. Aunque estas preferencias aparecen en casi todos los escolares, un niño con problemas de cálculo se niega a realizar las operaciones que no le agradan. Por ello debería practicar con su hijo (cuando se le presente la ocasión) a contar hacia delante y hacia atrás. Hay excelentes ejercicios mentales para niños, que también divierten a los adultos: decir la tabla de multiplicar al revés, o contar de cinco en cinco a partir de 35, o de siete en siete a partir de 217. Recuerde en todo momento que en cada uno de estos ejercicios es importante que:

¡Elogie a su hijo, cuando haga algo bien! Y anímelo en este camino que han emprendido hacia la voluntad de aprender.

Generalmente, la dificultad de cálculo va acompañada de una dificultad de percepción. Mi experiencia me dice que aquélla surge cuando no se ha producido el cambio de un nivel intuitivo del aprendizaje al siguiente, como explicaré más adelante.

El material intuitivo que en su momento los pedagogos implantaron con entusiasmo, por ejemplo, en las clases de matemáticas ha conducido a que los pequeños tarden demasiado tiempo en dejar de contar con los dedos y no realicen el cambio del plano simbólico al abstracto. Algunos profesores opinan que hay que ofrecer este material a los niños hasta que ellos mismos lo rechacen.

Mientras tanto, he visto muchos pequeños en mi consulta que por el mero hecho de utilizar durante demasiado tiempo elementos que facilitaban el aprendizaje de las matemáticas, se han vuelto demasiado perezosos para pasar al plano abstracto.

Quisiera describir, con un ejemplo de cálculo de primer curso de primaria, cuál es el momento concreto en que las clases de matemáticas tienen que pasar a la abstracción. Aquí descubren los números hasta el 20. Inicialmente, en la primera mitad del curso, aprenden hasta el 10, después el resto hasta el 20.

Los números del 1 al 10 están por todas partes en el nivel de aprender haciendo y son cantidades fáciles de reconocer: 10 dedos entre ambas manos, otros tantos en los pies, en la mesa quizá 10 cucharas o tenedores, galletas, cerezas, etc. El 10 existe como cantidad en la vida diaria del niño. También las operaciones con estos números son fáciles de comprender.

El primer paso de abstracción se da cuando se dibujan tantos símbolos (puntos, rayas, círculos...) sobre el papel como nos indique un número dado. Antes del siguiente paso hacia la abstracción, los niños tienen que aprender a escribir un número para una cantidad concreta: por ejemplo, el número 4 para IIII, y así poder realizar combinaciones y operaciones.

Cuando los niños han interiorizado por primera vez la abstracción (el paso del plano real al simbólico) podrán realizar finalmente operaciones de cálculo mentalmente, antes de pasar a aumentar la cantidad de números a 20.

En caso contrario, si la abstracción mental no se ha conseguido hasta el número 10, los pequeños se encuentran inevitablemente con dificultades. Ya que cuanto mayor es la cantidad de números que tienen que dominar los niños, el cálculo se vuelve más cansado y laborioso... Esto implica que los nuevos contenidos se amontonarán sobre los anteriores (que aún no se han dominado), y en algún momento el nivel de exigencia será demasiado alto y surgirá la dificultad en el cálculo. Entonces, ¿cómo podemos ayudar a nuestros hijos para que comprendan el proceso de abstracción, se deshagan de los materiales de cálculo, supuestamente necesarios, y prefieran la pesada abstracción del cálculo a contar con los dedos?

Como en todo proceso de aprendizaje, tanto si se trata de educación de niños pequeños, la memorización de un poema, el estudio en la universidad o en el campo laboral del adulto, siempre hay que abandonar lo conocido y cómodo para conseguir lo nuevo. Cada paso en el aprendizaje es más fácil y placentero si aprendemos por deferencia hacia una persona que admiramos o amamos.

(Ya lo decía Goethe: «En todas partes se aprende sólo de los que se ama», *Conversaciones con Eckermann*.)
Un niño pequeño «aprende» a estar limpio por amor a su madre. Un escolar aprende a pensar por cariño hacia su profesora.
Imagínese por un momento lo feliz que es un niño cuando el profesor o profesora se alegra de verdad por su capacidad de pensar: ¡el alumno siempre quiere volver a ser la razón de esa alegría de la profesora!
En otras palabras: anime a su hijo a dejar de contar con los dedos para contar mentalmente y elógiele sinceramente cuando haya llegado a dominar ese nuevo paso de aprendizaje.

Con lo que acabo de exponer me he adelantado al contenido del siguiente capítulo; pero creo que este mensaje esencial aparecerá en todo el libro y nunca lo repetiré suficientemente. Una vez que se ha comprendido que con amor a los hijos se solucionan los problemas y se superan los obstáculos, hay que hacerse una importante pregunta: ¿Cómo puedo conseguir que mi hijo manifieste una predisposición al estudio cada vez mayor?

Según mi experiencia personal, ni el aprendizaje (o método de aprendizaje), ni los recursos de enseñanza desempeñan un papel decisivo dentro del proceso interactivo entre el alumno y el profesor, sino que lo más importante es la personalidad y el carácter de los adultos que rodean al pequeño.

Cuando un niño siente una aceptación verdadera por parte de la maestra, aprenderá por amor a ella. Y la profesora, por su parte, se empeñará todo lo posible para no poner en peligro el cariño del alumno y se esforzará en dar una clase buena y animada.

Esto dará como resultado una situación basada en la atención recíproca, que potencia el aprendizaje.

Puede que a usted le suene a utopía, pero seguro que alguno de los lectores ha tenido la suerte de encontrarse con uno de esos profesores. A pesar de las críticas de los más exigentes, no podemos dejar de lado que en todas las épocas ha habido maestros queridos y fantásticos con los cuales ha sido una maravilla aprender.

Para terminar este capítulo quisiera citar una noticia aparecida en el periódico *Welt am Sonntag*, el 7 de marzo de 1999, escrita por Peter Struck, profesor de pedagogía de Hamburgo, sobre el tema dificultades de cálculo y trastornos del aprendizaje en la cual expone lo siguiente: «Un estudio a nivel mundial del Boston College confirma que, en la escuela alemana, los alumnos de octavo curso (equivalente a segundo de ESO) tienen un nivel en matemáticas algo inferior a la media, los alumnos de decimosegundo curso (equivalente a segundo de bachillerato) ocupan el tercer lugar, empezando por la cola, en matemáticas.

»Las dificultades en el cálculo [...] se atribuyen, sobre todo, a la falta de ejercicio, a la falta de experiencia espacial por medio del juego, a la falta de manejo de diferentes materiales y a la falta de compensación a través de ejercicios de psicomotricidad.

»La discalculia no es un fenómeno que tenga fácil solución. A "estos niños" también les resulta difícil calcular correctamente distancias y velocidades (...)».

Explicaré más adelante la importancia exacta de esta experiencia para un niño con una dificultad de aprendizaje cuando tratemos el tema de la potenciación y estabilidad de la autoconfianza infantil.

La autoconfianza se consigue, entre otros factores, con la utilización de diferentes materiales con los cuales el niño puede probar. Al mismo tiempo se ejercitan y desarrollan la relación laboral, la resistencia, la concentración y las técnicas de trabajo, de modo que el niño, a lo largo del tiempo, se atreva con nuevas tareas difíciles y contenidos abstractos.

Por tanto, antes de tratar de reconstruir la pérdida de confianza en sí mismo del niño, en el siguiente capítulo trataremos de cómo se pierden las ganas innatas de aprender, la creatividad natural y la normal confianza en uno mismo, y cuál es el papel que usted, como adulto, tiene que desempeñar.

¿CÓMO FUNCIONA EL PROCESO DE APRENDIZAJE? ¿UN PROCESO CREATIVO?

Con esta pregunta llegamos ahora a uno de los temas centrales de este libro, es decir, conocer la causa que ha llevado al niño a la dificultad de aprendizaje y con ello al círculo vicioso que origina, formado por amor, complejo de inferioridad y complejos de culpa. Usted, como progenitor, gracias a una nueva definición de su papel de padre o madre, puede contribuir a solucionar la dificultad emergida y encauzar el curso natural del aprendizaje de su hijo para conseguir llegar a contemplar con orgullo su primer éxito.

Ahora está en su derecho de preguntar: «¿Cómo puedo lograrlo?». En el fondo es muy sencillo, aunque el proceso es más complicado: modificando la motivación del niño. Para que entienda lo que quiero decir, le daré una explicación general de los dos tipos de motivación que existen:

- la intrínseca (que surge del interior),
- la extrínseca (que viene del exterior).

La pérdida de la autoconfianza infantil y el atasco del proceso de aprendizaje natural se producen porque el niño pierde la motivación interna debido a que los padres exigen que se adapte a su entorno.

Esta motivación se debe cambiar por un impulso externo tan fuerte que reemplace la motivación interna y estimule al niño a aprender.

Pero si nos encontramos ante una dificultad de aprendizaje quiere decir que la motivación externa ha fracasado, y también los esfuerzos paternos para que el niño se adapte a las exigencias del entorno y para que mantenga el ritmo normal de aprendizaje. Como resultado de todo ello usted se ve solo y con un sentimiento de culpa hacia el niño. Se desanimará, debido a que no sabe cómo motivar a su hijo y por ello usted desarrolla un sentimiento de culpa frente a él ya que piensa que le ha quitado algo que será importante para su existencia y que no ha sido capaz de restituir.

En otras palabras: el comportamiento natural frente al aprendizaje de su hijo, en el cual participa la motivación interna, se deja a un lado en favor de unas exigencias que nos vienen impuestas, por ejemplo, en la escuela. No se confía en el aprendizaje interno autoinducido del pequeño y se le exige que aprenda a través de reglas impuestas por el entorno. La presión del exterior y la obligación de adaptarse a unas reglas dadas han supuesto demasiado para su hijo; asimismo, el intento de motivación exterior ha sido demasiado débil y ha renunciado a aprender.

Si sus súplicas y esfuerzos para volver al ritmo normal del aprendizaje de su hijo han fracasado, usted se sentirá incompetente y fracasado.

Para dilucidar esta relación, una vez más, quisiera explicarle cómo aprende su hijo en diferentes momentos de su vida y cómo pierde la motivación y sus ganas naturales de aprender:

1. Un niño pequeño que aprende a andar está motivado desde el interior: sus ganas de andar serán mayores cuanto más cariñosa sea la relación con sus padres, los adultos y los hermanos mayores que pueden andar y que él admira. El niño todavía no sabe de qué manera ha de arreglárselas, como tampoco domina el lenguaje (¡Gracias a Dios!) ni el pensamiento; no podemos decirle, por ejemplo: «Ahora sólo tienes que enderezarte, y

eso se hace así y así. ¡Pero ten cuidado con caerte de nuevo, ya que mantener el equilibrio es muy difícil! Cuando estés en equilibrio, tienes que colocar un pie al lado de otro, eso se consigue trasladando el peso de un pie al otro, etc., etc.».

Él reconoce el objetivo (aprender a andar) y se pone a ello siguiendo una serie de tentativas y fallos, es decir, levantarse, caerse, volver a levantarse, caerse, mejorar la estabilidad, un paso, caer…, otra vez desde el principio, hasta conseguirlo. Lo intentará tantas veces como sea necesario, pero alcanzará su objetivo: aprender a andar.

Éste es el proceso natural de aprender que ha mantenido una dinámica, gracias a una fuerte motivación interna.

Su papel paterno en este caso fue, seguramente, apoyar a su hijo con refuerzos tipo elogios, alegría y estímulos cuando lo hacía correctamente y aprendía.

Un ejemplo más de cómo un aprendizaje verdaderamente natural se convierte en un aprendizaje mecánico (sin necesidad de intervenciones o estímulos).

2. Un niño «tiene que» aprender a multiplicar. No sabe en absoluto por qué ha de aprender a multiplicar o para qué se utiliza.

Entonces es cuando todavía se puede motivar al niño desde el exterior (si hemos tenido suerte) haciendo la promesa de una recompensa, por ejemplo, un caramelo, si se hace con rapidez, salir antes al recreo o el reconocimiento. El niño aprende a multiplicar por medio de un refuerzo externo, no por un objetivo propio.

El profesor lo explica del siguiente modo:

Una multiplicación es una suma abreviada. ¡Podéis sumar todas estas cifras 3 + 3 + 3 + 3 + 3! Que es exactamente lo mismo que 5 veces 3, o 5 × 3. Al niño se le graba en la memoria: 5 × 3 corresponde a 3 + 3 + 3 + 3 + 3, y hace un total de 15. Por tanto es igual que $5 \times 3 = 15$. Ahora él sabe que $4 + 4 + 4$ también se llama multiplicación de 3 veces el 4, o 3×4, y que se obtiene el mismo resultado, es decir, 12. El pequeño ha aprendido.

Los elementos creativos de la solución del niño al primer ejemplo, que se basa en la tentativa y el error, se reemplazan en este caso por las instrucciones expuestas por el profesor.

3. En el caso más extremo, el aprendizaje puede estar condicionado, esto sucede cuando el niño aprende por miedo al castigo o a la pérdida (del amor) de los padres, lo que tiene consecuencias destructivas en el mundo infantil y en las ganas de aprender, además, puede llevar a la total renuncia del yo infantil.

Debido a que las dificultades (como ya hemos visto) aparecen antes si el aprendizaje se adorna con miedo y cuanto más mecánica y unilateral sea la motivación extrínseca, entonces la persona que motiva desde el «exterior» se siente más culpable y desesperada cuanto mayor es el rechazo del niño a aprender. En algún momento se llega al punto en que la recompensa exterior ya no es suficiente, cuando hay que prometer un reproductor de CD o algo similar para que el niño se aplique en el aprendizaje.

Después de todo lo dicho queda muy claro para nosotros que cuando queremos encauzar el proceso de aprendizaje infantil, lo más importante es fomentar y activar la motivación interna de los niños.

Cuanto más motivemos al niño desde el interior hacia el exterior, más flexible será nuestro papel como padres. En lugar de exigir adaptación al entorno, elogie los avances de su hijo y fomente el proceso de aprendizaje a través de un comportamiento paterno adulto y cariñoso. Por tanto, encontramos dos formas de motivación: la motivación interna del niño y la motivación externa, protectora, del adulto.

Éste es el paso decisivo para solucionar una dificultad de aprendizaje y el comienzo de un comportamiento cariñoso hacia su hijo que está aprendiendo.

Para que usted, el adulto descrito hace un momento, pueda ayudar a su hijo que está aprendiendo, necesita saber que cada proceso de aprendizaje tiene la misma estructura interna y que siempre pasa por las mismas fases. Y al igual que un adulto aprende como funciona el mercado de valores antes de invertir en Bolsa y un préstamo se solicita pensando «con la cabeza» antes de comprar una casa, así un niño aprende cómo se crean colores a partir de una mezcla o que $6 : 3 = 2$

FASES DEL PROCESO DE APRENDIZAJE

Para sensibilizarle con las fases individuales de cada proceso de aprendizaje, quisiera pedirle que recuerde cómo se comportaba su hijo poco antes de que le saliera el primer diente o antes de que diera el primer paso o cuando el primer día de colegio estaba próximo.

Pienso que todos hemos vivido la misma experiencia a este respecto, que cada vez que se cierne algo desconocido el niño se inquieta y está especialmente nervioso, y casi siempre más insoportable que en otro momento cualquiera. El lloriqueo antes de que salga el primer diente es un buen ejemplo. De igual modo se comporta, por ejemplo, ante una nueva amistad, antes de un examen o antes de la primera estancia fuera de casa con el colegio.

En la vida diaria olvidamos que nuestros hijos, en realidad, se enfrentan a menudo a cosas nuevas debido a que siempre están aprendiendo algo diferente y deben dejar atrás lo ya conocido.

Y si somos sinceros, ¡a nosotros nos ocurre lo mismo en esas situaciones!

Cuando, por ejemplo, se celebra una reunión de negocios, algún otro suceso importante, una charla, una fiesta o algo parecido, nos sentimos mejor, más relajados, cuando lo hemos dejado atrás, ¡y aún nos va mucho mejor cuando la reunión ha sido un éxito!

Si su hijo, en un futuro, le cansa más de lo debido e intenta arruinarle el sistema nervioso, sencillamente deténgase, observe con tranquilidad la situación de su hijo y pregúntese: «¿En qué está trabajando? ¿Qué tiene que aprender ahora, qué nuevos conceptos debe dominar?».

Una vez que esté de acuerdo con el desarrollo del proceso de aprendizaje que le hemos planteado, quisiera, a continuación, abordar las fases individuales de aprendizaje.

Cada proceso de aprendizaje se compone de las cuatro fases siguientes:
- Fase 1: Entusiasmo por la tarea, motivación.
- Fase 2: Percatarse de las dificultades que conlleva dominar la nueva tarea. ¡También fase de crisis (antes del comienzo)!
- Fase 3: Dominio, solución de las dificultades y superación al aprender haciendo.
- Fase 4: Conclusión satisfactoria de la nueva tarea y comprensión de su estructura, así como un incremento de la confianza en sí mismo.

Para ilustrar cada una de las fases seguiré el ejemplo de un adulto que quiere comprar una casa.

¿Cuál sería la primera fase de entusiasmo y motivación? Pienso que los factores determinantes podrían ser, por ejemplo:
- Los bajos intereses actuales de las hipotecas y unos precios del sector inmobiliario bastante buenos.
- Una casa es mejor para la familia que un apartamento.

- Ser propietario significa seguridad en la vejez, una renta añadida.
- Una casa propia puede cumplir adecuadamente las necesidades individuales.
- Un jardín ofrece posibilidades de relajación, bienestar, etc.

Cuando la motivación es lo bastante fuerte (intrínsecamente, véase anteriormente; extrínsecamente, por ejemplo, porque también podemos invitar amigos a nuestra casa), entonces la primera fase precede a la segunda, el darse cuenta de las dificultades; también la crisis del proceso de aprendizaje. En este momento del proceso de aprendizaje salen a la superficie (consciente) todos los miedos que están relacionados con el tema.

Para continuar con nuestro ejemplo, somos conscientes y nos dan miedo las siguientes dificultades:
- ¿Conservaré mi empleo para poder pagar el préstamo y sus intereses?
- Si por la mudanza tengo que vender o alquilar mi apartamento, ¿buscaré un comprador o mejor un inquilino?
- ¿Cómo nos adaptaremos nosotros y los niños?¿Cómo serán los nuevos vecinos?, etc.

Todos hemos vivido estos conflictos en alguna ocasión en alguna de sus variantes, y cuando la motivación ha sido lo bastante fuerte, hemos aceptado el reto y pasado a la tercera fase; pero cuando los problemas nos han parecido insuperables, el proceso se ha roto.

También el desarrollo del proceso de aprendizaje se decide en la transición de la segunda a la tercera fase, de ello dependerá que el proceso sea superado con éxito o que termine por miedo al fracaso.

Parto de nuestro ejemplo, en el cual el deseo de la familia de tener una casa propia es realista, y la motivación de todos es lo bastante fuerte como para pasar a la tercera fase, a la superación de la tarea y al control de las posibles dificultades. Si lo trasplantamos al ejemplo significa lo siguiente: la familia se asegura la ayuda y el apoyo de familiares, tiene en cuenta las posibilidades de un ingreso familiar adicional o contrata un seguro para la financiación. Falta examinar y comparar diferentes asuntos. Se pensará en que el vecindario tenga la infraestructura necesaria y ofrezca perspectivas para un buen entorno familiar.

Una vez llegados aquí pasaremos a la cuarta fase automáticamente: el feliz término y solución del problema, el resultado buscado y una mayor autoconfianza. En nuestro ejemplo esta fase supondría: se ha encontrado la casa deseada, la financiación «está bien», etc. Por experiencia, esta fase hace olvidar todas las dificultades anteriores, gracias a un enorme incremento de la energía (los expertos, como psicólogos e investigadores de la creatividad, así como las personas creativas hablan de un sentimiento de felicidad, de seguridad, de absoluto convencimiento de haber hecho lo adecuado). Al terminar con éxito el proceso de aprendizaje (o también, el fin de un proceso creativo) la recompensa es la meta por la que hemos luchado en sí misma.

Por consiguiente, experimentamos un fenómeno que consiste en que el proceso de aprendizaje que se lleva a cabo con éxito crea un círculo vicioso positivo, es decir, hace que busquemos constantemente nuevos retos, para así encontrar satisfacción al llegar a concluirlos con éxito.

De esta manera consigo que los niños, después de haber solucionado el bloqueo, vuelvan a poner en marcha el proceso de aprendizaje creativo, ese ciclo positivo que les da autoconfianza.

¿EN QUÉ FASE DEL PROCESO DE APRENDIZAJE APARECEN LAS DIFICULTADES?

Para entender cómo y en qué momento puede aparecer una dificultad de aprendizaje, estudiaremos con más detalle la segunda fase en la cual sentimos la «desilusión» y nos damos cuenta de las dificultades. Ya que precisamente es en este momento del proceso cuando aparecen las manifestaciones de dificultades de conducta hacia el aprendizaje, cuando el niño es consciente de las dificultades que entraña la nueva tarea.

En este momento (como acabamos de mencionar) es decisiva la intensidad de la motivación, ya que nos conducirá al éxito o al fracaso.

Ésta es la razón por la cual nos encontramos con niños que siempre se interesan por cosas nuevas, pero que no llevan ninguna de ellas a término.

Cuanto más tiempo haya durado el ciclo de entusiasmo-desilusión-fracaso que subyace bajo la dificultad más complicada será vencer la misma. Algunos niños (y también adultos) desarrollan a lo largo del tiempo un entorno específico para no enfrentarse al aprendizaje, a nuevas experiencias. La gama de comportamientos que una persona adquiere para defenderse y evitar el aprendizaje van desde enfermedades hasta discusiones «interminables», desde seductoras maniobras de distracción a agresiones y estallidos de cólera.

Como en el caso de los caballos que se asustan ante un obstáculo, el adulto tiene que ayudar a ese niño intimidado «tomando las riendas» y tratándole con cariño, pero con firmeza, a través de todas las dificultades hasta alcanzar la meta.

Me gusta comparar esta situación con el ojo de una aguja por el que tiene que pasar la persona que nunca ha vivido la experiencia de ser creativo bajo su responsabilidad y la que nunca ha experimentado el merecido éxito después de haber aplicado un máximo esfuerzo.

A menudo pasan semanas, incluso meses, hasta que la estrategia de distracción deja de tener sentido. Todo el miedo, los temores y el caos acumulados en relación con el aprendizaje salen a la luz en la segunda fase de cada nuevo proceso de aprendizaje y hay que deshacerlos (para que no se consoliden de nuevo) despacio y con tenacidad.

RESOLVER LAS DIFICULTADES DE APRENDIZAJE SEGÚN EL MODELO DE FASES

Con esto llegamos al último punto de este capítulo, la solución de las dificultades de aprendizaje bajo el prisma del modelo de fases.

Si recuerda lo anterior, sabrá que el aprendizaje es más divertido y sencillo cuanto más motivados estamos.

Cuanto más fuerte es la motivación interna, más fuerte será también la resistencia ante las dificultades que nos encontremos.

Por eso, solucionar una dificultad de aprendizaje significa hacerse una importante pregunta: «¿Cómo consigo que mi hijo aprenda motivado interiormente?».

Para ello tenemos que seguir reflexionando, a partir de nuestra experiencia, qué recompensa obtiene el niño sobre lo que ha aprendido. ¿Puede ser independiente, por ejemplo, gracias al correcto aprendizaje de algo? Por nombrar una situación: Cuando su hijo aprendió a montar en bicicleta, ¿podía ir en bicicleta él solo a buscar a sus amigos?

O cuando aprendió a nadar, ¿le dejaba ir a la piscina sin personas mayores que lo vigilaran? Saber que hay una recompensa de este tipo motiva al niño desde el interior y, por lo general, tiene un «carácter de invitación» a aprender.

También verá (y lo sabe ya desde hace tiempo) que el primer paso hacia la solución de una dificultad de aprendizaje es fomentar la motivación intrínseca.

Es relativamente sencillo impulsar la motivación interna de un niño por cosas no relacionadas con la escuela. Es más difícil cuando, por ejemplo, se trata de aprender ecuaciones con incógnitas, la estructura de las frases o las palabras. Aunque tengo comprobado que cuando un niño se siente «visible» y aceptado por los adultos (capítulo 4), entonces desarrolla una predisposición para la motivación intrínseca, también hacia los contenidos de aprendizaje sin aparente interés. Y cuanto más contento esté el adulto en su mundo de adultos, más querrá el niño ser mayor, y antes estará preparado para aprender contenidos intelectuales, y antes estará dispuesto a familiarizarse con el mundo que le fascina de los adultos.

Para tener «acceso» al niño e impulsar su predisposición interna a aprender, los adultos tenemos que conocer siempre los intereses de nuestros hijos, reconocer sus necesidades, percibir su mundo infantil y tomarlo realmente en serio.

Entonces podremos, como personas adultas de referencia, adoptar frente al niño el nuevo comportamiento anteriormente mencionado. Ya no le exigiremos que aprenda a través de la adaptación a una realidad exterior no deseada, sino que intentaremos que aprenda cosas atractivas, y así el aprendizaje que el niño había rechazado antes ahora lo «realizará» por amor al adulto.

Cuando viene un niño a la consulta, hago exactamente lo que he descrito antes. Trato de trasladarme al mundo del niño y descubro: «¿Dónde están sus preferencias, qué le gusta hacer, cuáles se pueden utilizar como regalo o para jugar?».

Luego compruebo su comportamiento trabajando con manualidades: madera, arcilla, papel, piedra, metal, etc., y trabajo sobre su conducta de aprendizaje (los pasos individuales del proceso de aprendizaje) y utilizo la predisposición y las ganas de aprender del niño para los contenidos escolares que antes le eran desagradables.

Por nombrar un ejemplo: un niño quiere fabricar una peonza a partir de un trozo de madera (Fase 1: motivación, entusiasmo).

Tan pronto como el niño nota que llega la transición del entusiasmo a la realización de la tarea, reacciona como irritación o determinación con «¿Dónde está la sierra?» o «¡Ahora necesito la madera!». Cuando les pregunto si saben cómo conseguirlo, por lo general me contestan que es fácil y a menudo terminan la tarea. También dejo hacer al pequeño o me dirijo intencionadamente al niño que experimenta dificultades. Se dará cuenta por lo que hemos descrito que nos encontramos en la segunda fase: reconocer las dificultades que hay (cuanto menos problemas hay, se da una mayor confianza en sí mismo y adquiere experiencia).

Por lo general, las dificultades parecen más bien pequeñas cuando se trata de tareas manuales interesantes, tareas con una alta predisposición interna.

Esto quiere decir que mi tarea se limita a la función consultiva, y la causa de ello es que el niño emprenderá solo todos los pasos para el aprendizaje si su motivación interna es alta.

El niño llegará casi sin transición a la tercera fase empezando por el entusiasmo, pasando por el reconocimiento de las dificultades inherentes a la tarea, hasta el dominio de la misma. El niño se pone al trabajo y lo lleva a término (fase 4). De este modo gana autoconfianza. Al mismo tiempo, casi como «efecto secundario», se ha creado una relación positiva entre el adulto y el niño, porque el pequeño ha podido hacer algo agradable y divertido con el mayor. Cuando propongo al niño, después de haber terminado la tarea, ir a otra habitación y hacer rápidamente los deberes (leer, escribir o lo que suponga una dificultad), leo el pensamiento del niño: «Ah, de acuerdo, subiré y lo terminaré rápido con ella».

Es importante que el adulto que acompaña al niño en el proceso de aprendizaje sea consciente de que su hijo tiene que escoger trabajos y realizarlos hasta terminarlos. Elija tareas cortas, que diviertan a ambos, para que una «doble» motivación interna elevada garantice el éxito y ofrezca una fuerte recompensa al final para padre e hijo. No construya la catedral de Colonia con trozos de madera cuando sepa, desde el principio, que la tarea es demasiado larga y laboriosa.

Hay que elegir una ocupación con muchas más garantías de éxito: dos placas de madera unidas con una banda de goma para formar un bumerang que se puede lanzar al terminar la obra.

Para resumir lo dicho:

Refuerce la motivación de su hijo adaptándose a él. Conozca sus necesidades. Ejercite, con las tareas atractivas preferidas del niño, la conducta de trabajo y el proceso de aprendizaje. Esto llevará a una predisposición a querer emprender faenas poco atractivas.

En el siguiente capítulo queremos ocuparnos de cómo ayudar al niño a superar «sus» dificultades de aprendizaje concretas. Dejaremos a un lado la descripción de las dificultades de aprendizaje generales y la superación de cada tipo de escollo escolar en el campo de las tareas extraescolares y nos dedicaremos exclusivamente a las dificultades de su hijo.

Seguro que conoce como propias las situaciones siguientes u otras similares:

Por fin ha persuadido a su hijo, con esfuerzo y largas explicaciones, para que se siente a la mesa (debido a su rechazo a estos trabajos) y que haga los deberes que suponen una dificultad de aprendizaje, como leer un libro, calcular, escribir, hacer dictados o aquello que signifique un problema). Después de que el niño haya mirado en su cuaderno de deberes lo que tiene que hacer, quizá incluso haya sacado su libro de matemáticas o de lengua; de repente piensa que no desea hacer nada de lo que antes había prometido y deja claro que en realidad no quiere hacer los trabajos escolares, sino que prefiere jugar o ver la televisión y que «seguro» que hará los deberes más tarde (algo que sin embargo tiene pocos visos de ser cierto, ya que es una situación que se repite).

Aquí he descrito la «clásica dificultad de aprendizaje»: el niño se ha dejado motivar desde el exterior, a corto plazo, para hacer algo que no desea, pero luego (en la segunda fase del proceso de aprendizaje), al reconocer las dificultades de nuevo, lo deja todo a un lado.

Cómo superar (y si usted puede hacerlo) esta dificultad individual de su hijo depende de su comportamiento como adulto de referencia.

Dependiendo de lo fuerte que sea este modelo de comportamiento y desde cuándo esté inculcado en usted y su hijo y las huellas que haya dejado tras de sí, la solución será más o menos difícil y dolorosa.

¡Conciénciese de que pasará bastante tiempo hasta la verdadera solución del problema, que será más doloroso que indoloro y que usted deberá mantener siempre su fuerza de voluntad y su motivación para ayudar al pequeño! Sobre todo dependerá de si puede reconducir la dañada relación con su hijo y de encontrar conjuntamente un puente de unión para superar la dificultad, para que el niño vuelva a estar alegre y para que usted, como padre o madre, esté contento de nuevo.

C ÓMO PUEDE AYUDAR A SU HIJO

He tratado de dar una base científica, en la primera parte del libro, que le permita comprender la situación de su hijo, para así entender cuáles son las causas en las que se basa su dificultad. Para saber de qué modo se produce el aprendizaje y cómo apoyar a su hijo en el mismo. O en qué momento del proceso de aprendizaje es especialmente importante la conducta de los adultos o cómo crea una motivación interna y de qué modo puede influir en el mismo con un liderazgo cariñoso, sin necesidad de presiones.

Traté de que fuera consciente de su papel paternal con respecto a la problemática infantil y posibilitarle una nueva definición de ese papel.

Después de tratar de responder a las preguntas generales, ahora nos interesaremos por las situaciones de bloqueo individual.

Nos ocuparemos de cómo puede ayudar a su hijo a superar la dificultad de aprendizaje. Esto significa para usted transformar todo lo conocido anteriormente y mantenerse firme en su decisión de solucionar el problema, para estabilizar a su hijo de manera que gane confianza en sí mismo, se sienta motivado desde el interior y pueda sentir alegría ante el aprendizaje y los retos inherentes.

La situación descrita anteriormente, que se puede dar en un niño con dificultad de aprendizaje al realizar los deberes escolares, es el resultado manifiesto de un comportamiento recurrente entre el niño y (en este caso) los padres. Este comportamiento recurrente se ha convertido, pues, en un modelo de conducta.

Tales modelos sólo se pueden solucionar cuando una de las personas partícipes reacciona ante este «juego» recurrente. En pocas palabras: cuando uno de los integrantes de este juego deja de participar, éste ya no tiene razón de ser.

ABANDONE EL CAMPO DE BATALLA

Cuando uno de los participantes rompe el modelo de conducta tenemos dos opciones: poner al niño «en manos» de un especialista, para que le adiestre en otro tipo de conducta (que luego él mismo utiliza y que obliga a los padres a reaccionar de modo diferente) o usted toma conscientemente «las riendas del problema» y pone en práctica su firme decisión de ayudar a su hijo a superarlo.

¡Para romper con el esquema de conducta adquirido, el paso más importante y primero consiste en abandonar la lucha con su hijo!

Abandone el «campo de batalla» en que están atrapados usted y su hijo. Acepte la realidad, con todos los problemas y dificultades inherentes e intente simplemente dejar que el problema «salga a la superficie». Además de las dificultades, la situación actual ofrece, también, cosas agradables y bonitas. Antes no hemos dedicado el tiempo y el esfuerzo necesarios, por culpa de la fuerte lucha y por pensar constantemente en el problema, para ver que entre las dificultades también hay aspectos positivos.

*A pesar de la dificultad de aprendizaje de su hijo,
siempre encontrará numerosos aspectos positivos en su
vida, por ejemplo, su trabajo, una buena comida, el
calor del sol... ¡A pesar de todos los conflictos debería ser consciente de lo feliz que puede ser educando a
un hijo como el suyo y ocupándose de él!*

¡Para superar de manera activa el problema de aprendizaje de su hijo, y para poder abandonar esa «conducta anómala», necesitará una importante dosis de optimismo y confianza en alcanzar el objetivo propuesto!
¡Usted transmitirá de inmediato esta actitud positiva a
su hijo y así reforzará su autoconfianza!

Intente mantener siempre esa postura positiva, no importa lo insuperables que le parezcan las dificultades
que se avecinan a partir de ahora. ¡Superar este tipo de
modelos de conducta supone una dura prueba a nuestra capacidad de resistencia! Es muy fácil volver a las
acostumbradas «aguas ya navegadas» y reaccionar de
nuevo con disgusto, enfado o ira.

Discúlpese cada vez que tenga uno de esos tropezones.
¡Es algo que siempre ocurre!

Piense en el niño que aprende a andar y que se cae en
numerosas ocasiones hasta que alcanza su objetivo.

¡También usted aprenderá con esta experiencia!
Aprenderá un nuevo comportamiento de adulto frente
a su hijo y recaerá en su antigua conducta hasta que
alcance su objetivo, la superación de la dificultad escolar junto con el pequeño.

Éste es un «camino lleno de espinas», pero (créame)
después de haberlo recorrido se olvidan todas las complicaciones. Quizá recuerde lo doloroso que fue, pero la
«espina» ya está fuera y usted mirará al pasado satisfecho de lo que ha hecho y de su crecimiento personal.

Pero si se dedica a sus problemas personales y no hace
otra cosa que darle vueltas preguntándose por su origen, no conocerá el momento exacto en que empezó

ese problema de aprendizaje, que existe ya desde hace tiempo. En lugar de ello, tiene que olvidarse de esa maraña de conflictos individuales de los que ignora por completo cuál es la solución y dónde se halla.

Ahora puede tener la impresión de que la problemática en su conjunto es más grave e irresoluble que antes. Quizá experimente en este momento preciso que su hijo es más difícil y usted mismo está más irritable y abatido que nunca. Créame: una reacción de este tipo es absolutamente normal, e incluso es el indicio de una primera «tendencia a la recuperación». Puede tomarse todo ello tan sólo como una «crisis antes del cambio».

La razón del origen de una dificultad escolar o hasta un bloqueo de aprendizaje, a partir de pequeños problemas escolares individuales, hay que buscarla (en los mismos supuestos de siempre) en que usted, hasta ahora, no era completamente sincero consigo mismo y no estaba lo bastante decidido a buscar una solución. En lugar de darse cuenta del problema y de aceptarlo, ha luchado en su mente para deshacerse de él.

¡Si usted se da cuenta de la gravedad real de la dificultad, no dudará! ¡Estará seguro de la decisión tomada para solucionar la disyuntiva de su hijo! Enfréntese al problema, no lo evite. ¡Abandone el «escenario de la batalla», retírese de la cuestión, relájese!

Sé lo doloroso que puede llegar a ser ver la realidad que sufrimos con sinceridad y sin maniobras evasivas, para así entenderla y solucionarla. Pero créame, merece la pena.

El camino hacia la solución del problema va directamente hacia él y pasa a través de él.

Si se plantea con sinceridad y autenticidad la causa de la dificultad, entonces aceptará este problema que ahora está en vías de solución, lo reparará y sabrá que también este tipo de dificultades son consustanciales a la vida.

Aunque lo más importante de todos los consejos que le he «facilitado» para que ayude a su hijo, es que también le vayan bien las cosas en el trabajo. Sabemos que otras personas, incluso nuestros propios hijos, sólo ayudan cuando están «bien», es decir, cuando tenemos suficiente energía vital a nuestra disposición. Todos conocemos a ese tipo de personas que brindan ayuda, pero no están en disposición de ofrecérsela a sí mismas.

Por eso es importante que esté completamente decidido a seguir el camino que ha elegido, pero piense también en usted y haga algo que le divierta: coma fuera de casa, salga por las noches, vaya a la sauna, a nadar, etc. Cuantas más actividades agradables haga, además de este ineludible «trabajo duro», mejor. Transmitirá a su hijo el mensaje de que se trata de algo serio, de que como adulto domina las cosas. Y sobre todo, que usted es alguien en quien él puede confiar.

Cuanta más tranquilidad y paciencia tenga usted, además de su fija determinación para superar las dificultades de cada día, más cerca tendrá la segura solución del problema.

Tomando esta actitud frente a la dificultad de aprendizaje de su hijo, la vía para la solución del problema irá «viento en popa».

Como hemos descrito antes, hasta ahora era importante para el niño oponerse al deseo del entorno de que se adaptara a unas circunstancias con las cuales no se identifica y que significan una traición a su naturaleza. Cuando su hijo siente que usted no fuerza su adaptación, sino que encuentra su comprensión y sinceridad para reconocer el problema y solucionarlo, entonces la lucha y la rebelión se tornan sin sentido.

Demostrando a su hijo que ésta es una oportunidad para ambos de solucionar el problema y en lugar de desamparo «irradiamos» confianza, paciencia y cordialidad, el pequeño podrá abandonar todos sus mecanismos de defensa y apreciará orgulloso y agradecido su nueva conducta. Cuanto mejor nos van las cosas, menos miedo tenemos, mostramos más seguridad y satisfacción hacia el exterior y alcanzamos el fin deseado.

EL NIÑO NO ES LA CAUSA DE LA DIFICULTAD

Los niños son como los sismógrafos: sin ser conscientes perciben en el entorno sentimientos tales como felicidad, alegría, miedo, inseguridad, imposición. Y reaccionan a su manera en clave infantil. Como un niño no domina todavía los mecanismos para superar los problemas, reacciona con complicaciones de todo tipo.

Un niño que se adapta al poder, a los adultos (es decir, padres, profesores, abuelos), cuando percibe sentimientos como angustia, miedo o infelicidad, reacciona con irritación.

Esta irritación del pequeño se puede expresar en diferentes niveles: física, intelectual o psíquicamente. Hay niños que enferman durante mucho tiempo, hasta que el médico solventa la causa ayudado por los padres. Otros muestran, quizá a través de una conducta llamativa, que la armonía está perturbada. Su hijo ha reaccionado con una dificultad de aprendizaje.

Debido a que el niño «sólo» vive la tensión que emana la atmósfera en la que habita, y no es el responsable de la perturbación, no tiene mucho sentido «pedirle cuentas» por su alteración o dificultad.

Debido a que el niño reacciona con una dificultad por la situación de su entorno, lo que ocurre es que las demandas que se le imponen sobrepasan a sus posibilidades. En este momento estamos obligados a retomar nuestro papel de adultos. Primero debemos reconocer y aceptar como padres, profesores o abuelos nuestra parte de culpa en la situación que se ha originado.

Aceptar significa: no negar o desmentir, sino admitir y ser «sincero».

En este momento usted se ha hecho cargo de la dificultad de aprendizaje de su hijo como tarea propia y se ha decidido a solucionar el problema, a ejercer la conducta activa de un adulto. Al hacer suyo el problema de su hijo sin luchar contra él, lo acepta y admite, y se solucionará por sí mismo paso a paso. El círculo vicioso se ha roto. Ahora tenemos que estar atentos, porque las medidas necesarias para la posterior «curación» se manifiestan por sí solas.

DESCUBRA EL MENSAJE DE LA CRISIS

Si puede admitir sin miedo o lucha el problema, entonces reconocerá tarde o temprano la causa de la dificultad. Generalmente se puede descifrar la razón por la que su hijo ha reaccionado exactamente con esa dificultad concreta, ante los factores que la han originado. Pero ¿por qué reacciona un niño generando una dificultad para calcular, otro tiene dificultad para leer y un tercero un bloqueo con los deberes? Cuando queremos solucionar la dificultad y superarla (para solucionarla por completo) tenemos que aprender a entender los síntomas del niño. El pequeño quiere hacernos saber algo de «su» problema, pero aún le falta capacidad verbal y analítica para hacerlo.

Descubrir el origen, mientras solucionamos el problema, es a menudo un puro trabajo de detective. (¡Cuántas veces me viene a la mente esta profesión en mi trabajo con niños y padres!) Debido a que el mensaje de la crisis puede concernir a cualquiera de las personas del entramado familiar en que el niño se mueve, para nosotros significa «descifrar», respetuosamente y sin adjudicar culpas, la dificultad de aprendizaje.

Ahora se trata de «investigar» los posibles trastornos en el círculo de relaciones en que el niño se mueve. Entonces nos haremos la siguiente pregunta: ¿cuál es el modelo de relación entre el niño y sus padres, hermanos, compañeros, entre él y el profesor, el padre, la madre, etc.?

En la mayoría de los casos, la pregunta se «contesta» casi siempre por sí sola, una vez que se ha roto el círculo vicioso. Entonces se establece un continuo, como menciona Jean Liedloff en su libro *Auf der Suche nach dem verlorenen Glück. Gegen die Zerstörung unserer Glücksfähigkeit der frühen Kindheit* (A la búsqueda de la felicidad perdida. Contra la destrucción de nuestra capacidad de felicidad en la infancia temprana). Empieza a actuar una dinámica que se desarrolla positivamente en dirección al crecimiento y al aprendizaje, y aparecen casi por sí solas otras vías de solución. Es como si los problemas se solucionaran solos. Considero muy importante que observe con atención las señales, ya que un niño que se transforma dentro de un entramado de relaciones provoca inmediatamente diferentes respuestas e irritación en el resto de integrantes. Cuando el niño, a través de su ayuda, empieza a liberarse de una situación opresiva dentro de la clase, los que lo atormentan reaccionarán seguramente con enfado y quizá, incluso, con «medidas» más fuertes contra él. Ahora tiene que observar el comportamiento de sus compañeros, profesor, abuelos, hermanos (y también el de usted mismo, como padre y como adulto) ante sus firmes esfuerzos de liberación.

En esta fase en que los trastornos se van solucionando, son importantes el respeto y la consideración recíprocas de las personas implicadas.

La sincera predisposición a la colaboración de todas las personas implicadas en el problema es el componente imprescindible para superar con éxito la cuestión.

Ya que de lo contrario nacería otro problema mientras estamos solucionando el primero, ¡y eso no tiene sentido! Durante el desarrollo de la terapia, como terapeuta, tengo que actuar como ejemplo en ese sentido. Hay que impedir cualquier tipo de reproche, no sólo por parte de los padres sino también del niño, del profesor o de cualquiera que tengamos enfrente ya que partimos de la base de que cada cual intenta dar lo mejor de sí mismo. Pero las condiciones existentes en ese momento no bastan para superar la situación. La verdadera ayuda sólo se puede prestar si reducimos al mínimo la exigencia excesiva de las personas implicadas en el proceso que dio lugar al nacimiento del bloqueo, y añadimos energía renovada en la problemática que se está solucionando. Así se demuestra su calidad de «padre adulto». ¿Puede discernir lo que su hijo quiere «decirle» por medio de su dificultad de aprendizaje? A menudo vemos que un niño con una dificultad de cálculo tiene un trastorno de relación con el padre (el pensamiento lógico, abstracto, es un pensamiento masculino y corresponde a la mitad izquierda del cerebro). Cuando el niño no puede sentir una cercanía emocional estable hacia su padre, reacciona con un trastorno en el pensamiento lógico. Observo el siguiente comportamiento que se repite una y otra vez: un niño rinde mejor en asignaturas como latín y matemáticas cuanto más relajada y libre es la relación con el padre.

Una dificultad de aprendizaje en asignaturas musicales, así como idiomas, redacción, etc., me pone sobre la pista de que el origen de la dificultad de aprendizaje puede estar causado por la relación madre-hijo.

Un trastorno en la atención tiene a menudo su origen en un problema de autoridad sin resolver, que puede solucionarse, por ejemplo, con una cariñosa conducta por parte del profesor, que detenta el poder.

Cuando acepta sin resistencia o lucha las interpretaciones que hemos descrito antes, porque «ha salido a la luz» algo desagradable y no deseado, entonces demuestra que realmente se toma en serio la superación del problema.

EL NIÑO COMO MIEMBRO DÉBIL DENTRO DEL ENTRAMADO DE RELACIONES

Es muy importante llamar la atención sobre el hecho que, dentro del entramado social de la familia, su hijo está considerado como el miembro más débil de la cadena, a causa de su comportamiento absolutamente dependiente. Por eso usted tiene que ocuparse con cariño y aceptación de las necesidades de su hijo, como alimento, vestido y vivienda. Y si el trastorno de aprendizaje del niño le hace ver su propia impotencia, usted no reaccionará ante ello con el mismo rechazo de antes, sino que contemplará y aceptará esta debilidad, y su hijo se dará cuenta inmediatamente de su nueva conducta. Cuanto más se acepte usted mismo como una persona fuerte y adulta en su interior, mayor será su firmeza y perseverancia intrínseca.

El dilema de los niños con dificultades de aprendizaje es el siguiente: el pequeño, sin darse cuenta, recibe miedo, rechazo, debilidad, exigencia excesiva de los adultos. Pero como tiene una gran dependencia de ellos, quiere que las personas que se ocupan de él sean fuertes. En su anhelo incondicional de ver como personas fuertes a los adultos (aunque se dé cuenta de sus debilidades), es él quien absorbe ese conflicto y, por consiguiente, ayuda a los padres a ser superiores (al menos respecto a él) y con su supuesta fortaleza. El pequeño vive así el conflicto de los padres. Cuando desciframos el mensaje infantil, descubrimos que el niño vive un conflicto.

Cuando usted está en disposición de responsabilizarse del conflicto mientras se deshace del antiguo modelo de conducta, está destituyendo al niño de su papel de sustituto y con ello deja de ser responsable del conflicto.

Un paso más e importante hacia la solución del bloqueo de aprendizaje.

Pienso que es importante comprender esta conexión, ya que cuando se descarga a su hijo de este conflicto, puede volver a ser niño, libre de preocupaciones. El adulto tiene la obligación de responsabilizarse del conflicto y tratar de solucionarlo.

MERECE LA PENA: TODOS LOS NIÑOS QUIEREN APRENDER Y ALEGRAR A LOS PADRES

Debido a que, como hemos visto, el niño es el miembro más débil dentro del entramado de las relaciones familiares y llama la atención con «sus» problemas de aprendizaje frente a los supuestos e irresolubles problemas paternos, usted debe asegurarse de que su hijo vuelve a sentir junto a usted autoridad y tranquilidad para que, en lo sucesivo, el niño tenga el afán de conservar ese sentimiento placentero de seguridad, fe y confianza. Se esforzará en lo posible para mostrarle su «gratitud» y hacerle feliz. Usted, por su parte, debe mostrarse agradecido. ¡Qué cierta es la afirmación de que el amor se paga con amor!

¡Cuántas veces infravaloramos a nuestros hijos! En cuanto un niño se da cuenta de que tenemos sentimientos positivos hacia él, ve la posibilidad de mostrar todas sus cualidades ocultas como espíritu de equipo, compañerismo, fidelidad, diligencia, espíritu luchador, perseverancia, deportividad, etc. Y usted aceptará agradecido estas cualidades que saldrán a la superficie gracias a su enorme esfuerzo.

Usted es la única persona que puede dar el primer paso hacia su hijo. ¡Piense en ello!

ALÍESE CON SU HIJO

Usted ha tomado de nuevo el liderazgo y la autoridad paterna cuando se ha «superado la crisis». No hay que malinterpretar ni el liderazgo ni la autoridad paterna siguiendo el lema «¡Ahora te enseñaré quién manda!». ¡Al contrario! Rebrota entre usted y su hijo, por primera vez después de una serie de penosos meses o incluso años, el sentimiento de alianza. ¡Ese pequeño germen de apoyo mutuo es un regalo inapreciable que le hace su hijo!

Ahora debe tratar esa alianza con cuidado y al mismo tiempo conservar el equilibrio, defender y ocuparse de sus propias necesidades mientras tiene en cuenta las del niño y también les concede su espacio. ¡Puedo asegurarle que este equilibrio es posible, y el esfuerzo tiene una gran recompensa!

Cuando nuestros hijos notan nuestra voluntad sincera de querer ayudarles, de entrar en su mundo, pero al mismo tiempo de ser justos con nuestra propia vida y la realización de las propias necesidades, se sorprenderá al ver que el amor de su hijo hacia usted crece en fuerza y también en «firmeza».

Ahora ha llegado la situación en que puede exigirle con toda tranquilidad, por ejemplo, que no haga ruido si usted necesita descanso o que le haga un favor cuando usted se lo requiera.

Cuanto más crea en la inviolabilidad y estabilidad de esta relación, podrá exigir a su hijo que soporte más cargas.

Se sorprenderá de lo estable y segura que se ha vuelto la relación padre-hijo después de conseguir junto con el pequeño «superar la crisis», cuando usted no introduce ningún campo perturbador en forma de sentimiento de culpa o inferioridad.

Ahora usted ha ingresado en una «sociedad de protección» junto con su hijo, algo que se ve en todas las familias sanas, y que es la base necesaria para un desarrollo positivo de todos los miembros de la familia. Usted se ha aliado con su hijo sin condiciones.

TENGA CONFIANZA EN LA FUERZA DE RECUPERACIÓN DE SU HIJO

Si usted permanece firme ahora (quizá por primera vez en mucho tiempo) junto al niño (también en las dificultades y los problemas que vienen del exterior) y si resiste la tentación de solapar su nueva autoridad ganada con un comportamiento autoritario, puede recolectar el primer fruto de las reglas que se han puesto en marcha. El poder de recuperación empieza a funcionar en su hijo, y aparecen «circunstancias» exteriores que ayudan a reforzar positivamente el proceso de recuperación. Véase Jean Liedloff, *Auf der Suche nach dem verlorenen Glück* (A la búsqueda de la felicidad perdida).

Cuando no entendemos el liderazgo sólo como un ejercicio de poder (bajo el lema «Yo te enseñaré quién manda», «Todos a obedecer mis órdenes» o «Siempre te he dicho que tienes que hacer o dejar de hacer esto o aquello») sino que reconoce la responsabilidad hacia el alma infantil, será útil al niño en sus aspiraciones hacia una independencia adulta y fomentará de este modo esa naciente confianza en sí mismo.

Cuando su hijo percibe que ustedes, como padres, ya no le exigen que se adapte a un entorno destructivo, sino que le protegen y se ocupan de sus necesidades sin querer cambiarle, verán cómo el niño se relaja mentalmente y se establece un proceso (quizá no conocido hasta ahora), que Jean Liedloff llama el «continuum». Significa que los acontecimientos que vienen del exterior son satisfactorios, ya que nos dan la posibilidad de desarrollarnos más y nos conducen en una dirección siempre positiva.

Cuando usted es consciente, al comienzo del «ciclo de éxito» (amor-éxito-orgullo), de que usted y su hijo, aunque son dos seres diferentes, están unidos uno al otro por un «lazo familiar común sobre el que se apoyan», experimentará que ambas partes (usted en su mundo adulto de padre, su hijo en su mundo infantil) tienen diferentes necesidades. Y verá que en la medida que ayuda a su hijo a satisfacer sus necesidades importantes, también el niño respetará las de usted.

Cuanto más apoye a su hijo con amor, usted notará con más fuerza su amor y apoyo. Usted ha creado la base de un crecimiento mental sano a través de la nueva comprensión de su papel como educador. De una simbiosis destructiva ha pasado a una relación nueva y libre en la cual todos los componentes tienen su lugar. Y si usted ha aprendido a reaccionar con confianza ante el problema de su hijo, en lugar de con miedo y rechazo, verá cómo la capacidad de recuperación del niño empieza a funcionar y avanza de manera continua, un logro después del anterior, en la superación de la dificultad que presenta el aprendizaje.

¡Si no sabe cómo puede proseguir y utilizar todo lo dicho, no desespere! Verá que a largo plazo también funciona el «continuum». Confíe en que no cometerá ningún error frente a su hijo, si éste percibe que usted se esfuerza y lucha sinceramente.

FOMENTE LA AUTOCONFIANZA DE SU HIJO

Al empezar este capítulo le pedí que si tomaba la decisión, permaneciera fiel a ella y que perseverara en solucionar la dificultad de aprendizaje conjuntamente con su hijo.

Quizá haya visto los primeros resultados de sus esfuerzos y hayan aparecido los primeros pequeños éxitos.

Puede estar completamente seguro de que con el ejemplo de este esfuerzo conjunto de padre e hijo, le está dando lo más importante de «camino vital», que sólo es posible pasar a la siguiente fase de la vida con considerables sacrificios y esfuerzos. ¡Así le ayudará a crear una sana confianza en sí mismo!

Como muchos adultos se dicen a menudo: «Si tuviera más confianza en mí mismo, podría hacer esto o aquello».

En un mundo en el que cada vez se nos exige más, además de las presiones crecientes por parte del patrón, los bancos, Hacienda o los compañeros, muchos adultos se preguntan: ¿cómo son capaces de soportar esas crecientes exigencias externas o cómo defenderse de ellas? Muchas personas desearían tener una estable confianza en sí mismas, para poder arreglárselas en un entorno inhumano y vivir felices. Usted siente que ha llegado el momento decisivo para la superación en la vida, y se pregunta cómo ha de desarrollar una mayor confianza en sí mismo. Por todas partes aparecen seminarios para el desarrollo de la personalidad y para la mejora de la confianza en uno mismo, y hay veces en que uno daría lo que fuera por confiar en sus capacidades, en todas las situaciones de la vida.

Pero ¿de qué depende que una minoría de adultos goce de una buena, estable y marcada autoconfianza y otros capitulemos ante los retos, en lugar de aceptar con alegría lo que se exige de nosotros? La respuesta se encuentra en el libro del psicólogo del desarrollo y psiquiatra infantil norteamericano Eric H. Erikson (*véase* Infancia y sociedad). Él fue quien explicó en su trabajo que hay un margen de tiempo, durante el desarrollo de los niños, en el cual (si el desarrollo es correcto) los pequeños incrementarán la confianza en sí mismos y la disposición al trabajo o (si el desarrollo no es el correcto) aparecerá el sentimiento de inferioridad.

El espacio de tiempo óptimo para la adquisición de la confianza empieza con el ingreso en el colegio y termina al comienzo de la pubertad, es decir, para entonces tiene que haberse dado una conclusión favorable.

Cuando este tiempo propicio para la adquisición de la autoconfianza se desaprovecha, sólo es posible recuperar posteriormente en la vida, con un enorme esfuerzo (y a menudo de manera incompleta), lo que se ha desaprovechado.

Ésta es también la razón por la que publico mi trabajo de manera que llegue al mayor número de personas posible y me preocupo por su ágil divulgación: para que tantos niños como sea factible desarrollen su autoconfianza y disposición para el trabajo en esa época óptima del desarrollo (desde el ingreso en la escuela hasta la pubertad). Por eso hago un urgente llamamiento a los padres para que ayuden a sus hijos a superar sus sentimientos de inferioridad.

Del mismo modo que hay un momento óptimo para el desarrollo de la autoconfianza, lo mismo ocurre (como dice Erikson) con el desarrollo de la confianza primigenia, la autonomía, la iniciativa, la intimidad, la capacidad generadora y la integridad del yo. Seguidamente describiré cómo se logra y de qué depende formar una psique infantil sana, según Erikson:

La personalidad sana de un niño en edad escolar se forma a partir del desarrollo correcto, paso a paso, de tres fases centrales: confianza primigenia, autonomía e iniciativa.

• La confianza primigenia

Después del nacimiento, el recién nacido debería desarrollar la confianza primigenia. Gracias a la cariñosa ayuda y a la satisfacción de todas las necesidades vitales por parte de la madre o de otra persona de referencia, el niño adquiere la importante confianza primigenia, que significa adquirir confianza en el mundo. Como en las siguientes etapas de desarrollo, aquélla también depende de la reciprocidad y la percepción de la otra persona.

El niño necesita que la madre le cuide a intervalos regulares y se ocupe de él. La madre necesita que el niño reaccione satisfactoriamente cuando ella aparece. En esta fase de confianza recíproca se forma en el niño el deseo, todavía inconsciente, de tener la seguridad de que su entorno cuenta con él.

• La autonomía

Mientras, la fase de bebé se caracteriza por los procesos corporales y el comienzo de la educación de la limpieza en la vida del niño. Ahora hablamos de la autonomía que el niño puede obtener en esta otra fase de la vida. Cuando tiene la posibilidad de dar sus cosas o guardarlas para él, experimenta su poder y se llena de orgullo y respeto hacia sí mismo. Se trata de dar o conservar y de tener una relación recíproca y cariñosa con el mundo. Durante esta fase de desarrollo se forma la base para un comportamiento relajado de «dejar hacer» o un comportamiento destructivo posesivo y violento. En esta fase se desarrolla también la capacidad de conservar y preocuparse, cuidar y retener.

Se da un fortalecimiento recíproco y un trabajo agradable de colaboración cuando el entorno le da o le quita algo que el niño desea (según sus propias necesidades y las del entorno). El niño experimenta su autonomía en su voluntad y en la cariñosa aceptación de esa voluntad por parte de su entorno, así como en la seguridad recíproca de que haga lo que haga estará bien.

• La iniciativa

La tercera fase coincide en el tiempo con la entrada del niño en la guardería. Ahora es importante para él aprender y desarrollar su iniciativa. En esta fase los niños aprenden a tomar la iniciativa por sí mismos. Debido a que la iniciativa es una parte imprescindible de nosotros, no importa que decidamos reunir una colección de minerales o construir una empresa, estas actividades pondrán las bases en esta fase del desarrollo para que el niño disfrute de la toma de iniciativas, o por el contrario, su sentimiento de culpabilidad le impida comenzar cualquier nueva empresa y, por culpa de esta paralización, nada pueda llevarse a término.

En la edad en que un niño empieza a conducirse por sí solo, observa con precisión los comportamientos y conductas de los adultos. Durante este tiempo, como él juega a ser madre o padre pueden originarse fuertes sentimientos de odio hacia los padres, así como conflictos, cuando los adultos se permiten pecados que no toleran en sus hijos.

Justo después de la formación de las diferentes partes de la personalidad antes descritas, el niño está maduro para la «entrada en la vida». Después de cerrar con éxito las tres fases mencionadas, podrá superar el siguiente reto, el cual coincide con el momento del ingreso en la escuela.

Esto significa reunir los diferentes potenciales del niño y desarrollar su autoconfianza, en lugar de sus sentimientos de inferioridad.

Cuando el niño ingresa en la escuela no debería tener problemas para integrarse en el nuevo grupo social y encontrar su sitio en él. Este nuevo entorno impone unas reglas diferentes a las de la familia (en la que hasta ahora él ha confiado) y tiene que aprender paulatinamente a vivir según las nuevas normas. En la escuela encuentra reconocimiento y su lugar en la sociedad a través de las capacidades por él aportadas. Ahora el niño desarrolla el «sentido del trabajo» (Eric H. Erikson), que Ives Hendrik llama el «principio del trabajo», el cual permite al niño experimentar el placer en la «perfección del trabajo», que se consigue a través de la perseverancia y la aplicación al trabajo.

En la escuela se aprenden las técnicas culturales, desde la destreza manual al conocimiento del entorno, con las herramientas del mundo de los adultos. De ahí la gran importancia de enseñar al pequeño no sólo a leer, escribir y contar, sino introducirlo con la misma atención en el mundo de los instrumentos de los adultos, las manualidades y las artes. Ya que en este momento el niño es más receptivo que nunca, quiere ser mayor, como los adultos, para tener su lugar en el grupo social.

Es muy importante ofrecerle, antes de la tormentosa pubertad y del tiempo de las decisiones laborales del mundo adulto, un conocimiento de sus habilidades para que más tarde acierte en la elección de profesión.

Ya hemos visto las condiciones necesarias para formar una personalidad infantil sana.

Cuando comparemos la realidad de la escuela y la realidad de la vida de nuestro hijo, con lo que Erikson ha descrito como las necesidades para un desarrollo psíquico estable, veremos muy claramente qué carencias tenía el niño antes de ingresar en la escuela, pero también sabremos conocer las deficiencias de que está afectado nuestro sistema educativo actual, ya que se queda evidentemente corto en la importante transmisión de los contenidos abstractos.

La mayoría de los niños que se matriculan hoy en día han visto más televisión en su vida de la que es aconsejable para una psique infantil.

El consumo de dos a tres horas diarias de televisión es más la norma que la excepción en nuestra sociedad. Y ¿cuántas veces reemplaza la televisión a la comunicación en el hogar?, ¿cuántas veces nos dedicamos al consumismo en familia, en lugar de hacer algo juntos o compartir experiencias?

El gran problema de la escuela de hoy en día consiste en que el niño no se puede «apagar», ni obligarle a quedarse quieto como hace delante del televisor, y dejar para el profesor todo el trabajo que no se ha hecho hasta ese momento. Por lo general, el profesor no sólo tiene que transmitir determinados conocimientos, sino que, además de su trabajo pedagógico, debe trabajar con casi todos los niños como terapeuta.

Este trabajo es demasiado amplio para un solo profesor dentro del aula. Ahora se entiende por qué queda tan poco tiempo para la necesaria utilización de los instrumentos específicos para su edad. Sin embargo es de una importancia capital para la formación de la seguridad en el manejo de instrumentos y la autoconfianza.

Por medio de las ganas de hacer, el niño pierde el deseo de destruir; cuando hace cosas experimenta su poder; puede esforzarse y probar y eso le sirve para «repostar energía».

Así se crea la seguridad en sí mismo y se pone en marcha la fuerza vital creativa. Este nuevo sentimiento vital recién adquirido da como resultado una «fuerza de cambio» y provoca una reacción en cadena de expresiones positivas en el entorno del pequeño. Un niño que se ha encontrado a sí mismo y su poder vital, se acerca con más afabilidad y alegría a sus iguales, los cuales le tienen en consideración y se alegran con su compañía. A este tipo de niños se les ha dado más ayuda, amor y apoyo activo. Actuando de este modo los adultos nos hacemos un favor porque lo que hemos «invertido» antes en el niño, lo volvemos a recibir multiplicado. Junto a estos pequeños sentimos orgullo, alegría, confianza y amor. Y eso se manifiesta en que el niño ya no ve las tareas como un castigo, sino como un reto. El aprendizaje no le da miedo o rabia, sólo una oportunidad de probarse y de medirse con los demás. La armonía interna capacita al pequeño para plantearse la tarea de la vida con una gran confianza en él mismo.

Si nosotros hemos alcanzado este objetivo junto con nuestro hijo, es necesario continuar perseverando en ese propósito y superar conjuntamente con él los obstáculos hasta una definitiva superación del trastorno. ¿Se acuerda de los conocimientos de Erikson? En relación a lo que estamos tratando dice que está comprobado que los niños con una dificultad de aprendizaje sufren carencias en todas las modalidades psíquicas. A menudo vemos que no tienen confianza primigenia, tanto hacia sí mismos como frente al entorno. Los niños con dificultades de aprendizaje se caracterizan por una autonomía apenas desarrollada, por ello se ven dominados por la vergüenza y la duda cuando tienen que realizar algo.

Nos queda la iniciativa que en la mayoría de los casos es destructiva, contra él mismo o contra su entorno y los trabajos que comienza no los lleva a término por una paralización. Es fácil entender que con este tipo de trastorno los retos escolares se vayan acumulando. Ahora nos ocuparemos, por tanto, de la «adquisición a posteriori» de las llamadas capacidades psíquicas.

Si en este momento «la cabeza le da vueltas» por culpa de todos los conocimientos nuevos que ha leído, no debe preocuparse: no tiene por qué recordar perfectamente todo lo descrito. ¡Puede olvidar con tranquilidad la mayor parte de lo que ha leído y releerlo cuando lo necesite!

Lo que sucede en realidad con todo lo que el niño emprende, es que él está profundamente convencido de que cuanto hace es útil e importante.

Para explicar esto quiero describirle cómo procedo en mi trabajo con los niños que acuden por primera vez a la consulta.

Cuando los padres vienen con su hijo a la primera entrevista en mi consulta tienen a sus espaldas muchas terapias; en muchos de los casos han hablado con un consejero escolar o han mantenido agotadoras charlas con los profesores. Se sientan frente a mí cansados, agotados y derrotados y piensan o dicen lo siguiente: «¡Si supiera cuánto se promete y todas las esperanzas que teníamos con cada una de las terapias! También queremos probar la suya».

La mayoría de los padres casi han renunciado, en este punto, a recibir ayuda y se sienten desesperanzados sin consejo; además, a menudo están atormentados por sentimientos de culpa debido a que su educación ha sido un fracaso.

A la primera charla con los padres le sigue la primera hora de terapia con su hijo.

Por lo general, al poco tiempo el niño me indica que está dispuesto a trabajar conmigo, que ha puesto su confianza en mí: «ha saltado la chispa» entre nosotros. El niño me muestra, en parte mediante mensajes ocultos, que le gusto y que se siente comprendido. Parece como si me diera verdaderas «instrucciones de uso» sobre cómo tengo que comportarme con él, para que yo no ponga en peligro su confianza.

Esto es lo que me decía Benjamín al principio de su tratamiento: «Cuando alguien me obliga a hacer algo que no quiero hacer, entonces ya nada tiene que hacer conmigo». Es en ese momento cuando yo pongo en claro mis condiciones al niño.

Ya que también hay unas reglas que cumplir en la colaboración con el pequeño.

Al igual que yo acepto las necesidades de un niño, él respeta en contrapartida las mías.

¿Por qué, desde el primer encuentro con el pequeño, éste me coge cariño y piensa que soy «guay»? Es algo que me han preguntado muchos padres. Mi respuesta es:

Acepto al niño de inmediato y en cada situación sin condiciones, y le doy la seguridad que he ganado a lo largo de los años de que el problema que me plantea lo podemos solucionar juntos.

No importa que haya crisis durante el tratamiento, cada duda se soluciona desde el principio y con ello se descarga al niño de una gran dosis de miedo y presión. Según mi propia experiencia, sobre esta base y con confianza mutua desaparece la dificultad de aprendizaje «como la nieve bajo el sol».

Gracias a mi actitud interior y a mi convencimiento de que estoy haciendo lo correcto en una situación dada, desarrollaremos una confianza recíproca. Así es como podremos restaurar la confianza primigenia, en el caso de la «educación posteriori», en adultos.

Ocurre exactamente lo mismo con las categorías psíquicas de autonomía, iniciativa y autoconfianza. Practico con el niño (y en parte con los padres) la adquisición de iniciativa, autonomía y autoconfianza. Lo verdaderamente importante para quienes le rodean no es lo que haga, sino cómo lo hace. Usted debe estar tan convencido de lo que hace que su hijo sienta casi en su cuerpo que lo que usted hace es útil. Acérquese a él con seguridad y optimismo, y confíe en que superará frustraciones y fracasos siempre y cuando sienta la certidumbre de sus padres.

Tampoco puede exigir a su hijo «obediencia ciega». Tiene su propia voluntad, concédale pequeños espacios de libertad. Además, en la «educación a posteriori» usted ha desarrollado un sentimiento de ser autónomo y debe dejar que el niño lo sea también.

Asimismo puede experimentar la iniciativa conjuntamente con su hijo. Mientras le trate con confianza absoluta y la seguridad de que sus actos son correctos, también experimentará usted una creciente iniciativa. No estará atormentado con sentimientos de culpabilidad hacia el niño y cada vez confiará más en que, con ayuda de las medidas correctas, podrá guiarle y ayudarle. Usted se esfuerza en ser honesto con su hijo y no exige nada de él que usted mismo no haría. Cuando usted, por ejemplo, le exige consideración porque necesita su descanso del mediodía, en contrapartida usted también tiene que respetar el descanso de su hijo cuando tiene una importante llamada telefónica o quiere escuchar música con tranquilidad.

Verá que cuanto más consciente sea de su propia confianza, autonomía e iniciativa, así como de su confianza en sí mismo y seguridad al actuar, más fácilmente se desarrollarán estas características en su hijo.

Después de este pequeño paréntesis sobre las modalidades descritas por Erikson, quisiera exponer seguidamente cómo se puede fomentar en un hijo, de esta edad, la autoconfianza necesaria.

DESCUBRA LOS PUNTOS FUERTES DE SU HIJO

Si usted se pregunta honestamente qué piensa y bajo qué prisma ha visto a su hijo en el pasado, es bastante probable que, por lo general, lo haya etiquetado con atributos negativos. Su hijo tenía dislexia, discalculia, era hiperactivo, tenía problemas en la escuela con sus compañeros, profesores, etc. Se fijaba sobre todo en los problemas que tenía su hijo. Si comienza a deshacer ese modelo negativo de comportamiento y quiere reconstruir la autoconfianza en usted y su pequeño, en el futuro tiene que fijarse con más atención en los puntos fuertes del niño. ¿Se ha fijado en las cualidades agradables más sobresalientes de su hijo; por ejemplo, que es especialmente altruista con sus amigos o juega muy bien a tenis, que canta, actúa, recita poesías, lee, dibuja, es un buen conversador, juega con el perro, monta a caballo, cuida las plantas o cualquier otra característica?

¡Siempre que esté junto a su hijo, debería concentrarse en sus puntos fuertes! Exprese oralmente su admiración por lo que puede hacer especialmente bien.

Un niño que hasta ahora sólo ha recibido una respuesta negativa del entorno, absorbe tan agradecido el reconocimiento como si de una esponja seca se tratase. Comience a ver a su hijo teniendo en cuenta también sus cualidades y características, y no lo reduzca a «sus» dificultades de aprendizaje.

DESCUBRA SUS CAPACIDADES Y DESTREZAS

Una vez que haya empezado a ver a su hijo con unos «nuevos» ojos, se sorprenderá de lo polifacético que es el carácter del pequeño. De repente se dará cuenta, por ejemplo, que puede hacer cosas que a usted mismo le causaron grandes dificultades. Quizá descubra talentos «ocultos» en él y se asombre cuando se arriesgue a hacer tareas por las que hasta ahora tenía un gran respeto y, además, su hijo las terminará con una despreocupación y rutina sorprendentes. ¡Lo hace igual que los otros niños a los que usted admiraba! Pero llegado a este agradable punto, no cometa ahora el error de tener que competir con su hijo a «cualquier precio». Déjele hacer algo que usted mismo sabe hacer. ¡Muéstrele su admiración, felicítele sinceramente por su demostrada capacidad!

Ahora recuerdo a la pequeña Marie-Louise en mi consulta, en la que no quería ni entrar, porque tenía que hacer los deberes inmediatamente y cuyos cuadernos, libros y carpetas estaban llenos de garabatos y eran ilegibles. ¡El orden era algo que Marie-Louise detestaba! Pero sin embargo sabía modelar bellos animales con arcilla y luego los hacía en piedra. Cuando la niña se dio cuenta y trabajó con más ahínco esa especial capacidad suya, también estuvo dispuesta a trabajar sobre sus otros puntos débiles. Hoy en día es una niña muy «civilizada» que está muy orgullosa de sus diversos potenciales.

EL NIÑO QUIERE SER «VISTO»

Fundamentalmente significa que para eliminar una dificultad infantil hay que ver y fomentar la verdadera personalidad del niño, aceptar la situación actual y decidirse entonces a solucionar el problema y mejorar la situación. Esto sólo se consigue si nos concentramos en el objetivo que anhelamos y siempre con la ayuda a su hijo. ¡La solución no consiste en pasar muchas horas con el pequeño a partir de ahora y en llevar una vida totalmente diferente! Dependerá de la calidad del tiempo que pasen juntos y de cómo usted comprenda y apoye a su hijo.

Un espacio de tiempo en común, corto pero intenso, es mejor que pasar más tiempo y estar pensando en otras cosas.

¡Su hijo quiere que usted le vea! Quiere ser reconocido como persona y como él mismo se siente.

Si, por ejemplo, su hijo disfruta cantando pero, en cambio, tiene muchas dificultades con la ortografía, entonces intente verlo como él mismo se ve. Quizá sueñe con una carrera como cantante sobre el escenario o en la televisión. ¡Introdúzcase en el mundo de fantasía de su hijo, pero tenga la realidad a la vista!

Durante mis estudios conocí a un experimentado pedagogo cuyas palabras nunca olvidaré. Ponía de relieve una y otra vez: vaya a buscar a los niños allí donde se encuentran. Si usted también se imagina a su hijo como un cantante de éxito, impulsará su ambición. Quizá le ayude a formarse como tal o le acompañe a un concierto de otro cantante. De este modo tendrá la posibilidad de conocer el mundo de su hijo, formar parte de él y motivarle de dentro a fuera. Intente averiguar, por ejemplo, por qué es muy importante, casi vital, la ortografía para un cantante. Quizá su hijo pertenezca ya a un grupo. En ese caso será bastante fácil motivarle para que domine la ortografía, ya que como cantante, tendrá que escribir cartas, rellenar una solicitud, etc. Esto es también imprescindible en la vida profesional de un artista.

Lo que quiero expresar es lo siguiente: todas las personas sienten en su fuero interno que son algo especial. Sólo que la mayoría de los adultos, a lo largo de una vida llena de frustraciones, han dejado de tener fe en ellos mismos y en su singularidad. En su lugar usted acepta la supuesta realidad y deja de creer en sí mismo y sus sueños, y se empieza a ver como su entorno le sugiere. La sociedad le condiciona a que sea normal, a ser educado como la media.

No digo que sea fácil vivir sin olvidar los sueños y después compaginarlos con la vida. Pero afirmo que es el único camino eficaz para reencontrar la alegría de vivir y la vitalidad.

Sólo podremos alcanzar nuestra propia dimensión, particularidad e individualidad como personas cuando estemos preparados a vivir según nuestras más profundas convicciones.

Sólo nosotros sabemos lo que somos en nuestro interior y qué «tesoros sin igual» ocultamos. Nuestros semejantes ven lo que dejamos al descubierto. Ni nosotros mismos conocemos el potencial que dormita en nuestro interior y nuestras posibilidades ocultas.

¡Nuestro hijo conserva aún, en gran medida, ese potencial y esas posibilidades ocultas que laten en su interior! Todavía no ha podido exteriorizar lo que oculta dentro. Aún están abiertas para él todas las posibilidades y perspectivas de desarrollo. Pero su hijo sigue dependiendo de usted, y necesita su enérgico apoyo y ayuda para volver a sus «fuentes», a su creatividad y vitalidad. Usted es lo más importante de su vida y está unido a usted como a ninguna otra cosa. Por eso es usted la persona más indicada para ayudar a su hijo a ser él mismo. Puede ayudarle a afirmarse en su entorno. Para el niño, su apoyo es el requisito indispensable para mejorar su predisposición a trabajar en la escuela y en su entorno social.

Debemos ofrecer a nuestros hijos, siempre a lo largo de la vida, la seguridad de que son dignos de amor, tal y como son. Independientemente de los problemas a

*los que tengan que enfrentarse o de lo insoportables
que sean en algunos momentos.*

VEA A SU HIJO EN POSITIVO; TRÁTELO Y PIENSE EN ÉL DE ESE MODO

¡Fíjese en cómo aparecen también sus cualidades positivas en los momentos difíciles! Dese cuenta de cómo se desarrolla su hijo, paso a paso, en una dirección positiva (aunque, al unísono, tenga sus legítimas preocupaciones), observe sus avances, aunque sean pequeños. ¡Conviértase, por así decirlo, en un buscador de tesoros!

Desde que decidió ayudar a su hijo a salir del círculo vicioso en el que se encontraba y conducirle de nuevo a una vida alegre y optimista, usted aceptó la responsabilidad de emplearse a fondo en ello y luchar por el niño. A partir de hoy, usted será un modelo para su hijo en lo que se refiere a luchar por su recuperación. El pequeño aprenderá (siempre que se entregue a fondo a sus necesidades) de usted, lo que significa actuar con total responsabilidad.

¿Se acuerda del modelo descrito por Erikson del desarrollo infantil y de los pasos de progreso que el niño en edad escolar tiene que superar? Es mejor que volvamos a repasarlo ahora, ya que tiene gran importancia para nosotros, los padres. Desde el momento del ingreso en la escuela hasta el comienzo de la pubertad, el objetivo más importante es que el niño se integre en el entorno social, que encuentre su propio lugar y se afirme en él, todo ello por medio de las técnicas culturales y llevando a la práctica el valor del trabajo, hasta que lo domine a nivel de la labor del mundo adulto. En este período de tiempo también se desarrolla la conciencia de nuestras capacidades. Si consigue conocer sus capacidades, el niño estará seguro de sí mismo. Se verá capaz de hacer cosas y se puede afirmar como persona en la vida cotidiana. Si no concluye esta fase adecuadamente, se siente inferior, vencido por los demás y sin fe en sí mismo. Ya no ve la posibilidad de integrarse más tarde en el mundo de los adultos. Para evitar esto, y para ayudar al niño a que tenga la confianza necesaria, es indispensable que su hijo le vea a usted positivo, seguro y optimista.

Nuestros hijos son como sismógrafos, perciben lo que sentimos y pensamos, incluso cuando usted no quiera dejarlo «traslucir».

Usted transmite a su hijo todo lo que siente, no importa que sea positivo o negativo. Por ello nosotros, los adultos, debemos reeducarnos para apartar los sentimientos negativos, siempre que nos sea posible.

Naturalmente no se puede calcular todo con precisión. Y claro está, hay cosas desagradables que es fácil que nos sucedan. Pero se quedará sorprendido de lo rápido que reacciona su hijo ante ellas si usted manifiesta confianza en que puede superar el problema, observa positivamente sus avances y le da buenas ideas para ayudarle en su quehacer diario en la escuela.

No soy ninguna defensora a ultranza del pensamiento positivo, pero estoy convencida que la vida siempre deja abiertos varios caminos. Cuando no nos dejamos llevar por la comodidad y, en su lugar, nos esforzamos y nos dedicamos a los pensamientos positivos, gratos, seguros, nos aprovecharemos de las circunstancias de la vida para hacernos más fuertes.

Hay numerosos «pensadores positivos» frustrados que cometen, bajo mi leal punto de vista, el error de luchar contra lo negativo en lugar de pensar en «relajarse» y «contar» con las cosas positivas. De hecho cuanto más se lucha contra algo, más persistente se hace.

Sólo cuando nos liberamos de lo desagradable y negativo «somos libres».

También la paciencia es uno de los aditamentos del «pensamiento positivo». A veces puede pasar mucho tiempo hasta que alcancemos el éxito deseado. Y en el camino hacia la meta nos encontraremos, y tendremos que superar, muchos obstáculos, frustraciones y «decepciones». Pero en algún momento nos daremos cuenta que hemos alcanzado nuestro objetivo.

¡Notará los efectos del pensamiento positivo y constructivo hacia su hijo nada más empezar con ello!

Pero, a menudo, cometemos el error de dudar del desarrollo positivo de nuestro hijo, y ¡cuanto mayor sea la duda, más hablaremos de ello! Aunque nuestro pequeño ya no nos escuche, seguirá dándose cuenta de nuestra duda interior y por ello no mejorará en su estado.

Es más efectivo (pero para nosotros los adultos más duro) que fomentemos la conducta que en nuestro pensamiento deseamos para el niño.

Seguro que ha oído entrevistas a destacados deportistas que respondían después de una importante victoria: «Estaba mentalmente preparado para ello». Me refiero a esa disposición mental hacia su hijo, cuando le pido que le vea de manera positiva. Otórguele todas las cualidades que usted desea mentalmente, trátelo como el mejor de sus amigos y se llevará una grata sorpresa: ¡su hijo se comporta exactamente como esperaba de él!

Desde luego, con lo que acabo de explicar no quiero decir que se proponga un modelo dado a seguir, por ejemplo, el de un familiar privilegiado que estaba felizmente casado, tenía unos hijos encantadores y que, además, también le iba bien en el trabajo... ¡No! Ya que eso significa presionar la naturaleza de su hijo con un molde determinado y ante el que él, posiblemente, se rebelará de nuevo.

NO COMPARE A SU HIJO CON OTROS; RECONÓZCALO COMO INDIVIDUO

En la literatura relativa a este tema se estudian los conceptos de individualidad e identidad, y se dice que son términos intercambiables, que se pueden usar indistintamente. Mientras estaba escribiendo este libro, una conversación durante el desayuno de una mañana de domingo me ayudó a comprender algo crucial. La individualidad expresa la excepcionalidad de una persona en relación con los demás.

Si esta individualidad es reconocida e impulsada por el entorno (los padres, la escuela, la sociedad), la persona alcanzará su identidad y será capaz de la individualización, es decir, de la autorrealización.

Si la individualidad no encuentra en el exterior el amor y el reconocimiento que apoyen al yo, entonces no será posible la identidad. En su lugar el yo será sacrificado (así lo ha formulado Arno Gruen en *Der Verrat am Selbst* –La traición del yo–) y la persona pasa a representar un papel en la vida. Una existencia actuando según un papel lleva a la neurosis, a la destrucción y a una lucha interna continua, ya que representar ese papel obliga a un enorme desgaste psíquico, y nos deja pocas energías para la vida en el presente. Estas personas viven casi a «medio gas», la energía vital fluye con dificultad. Quizá tengan miedo al amor, a la alegría, a los cambios y a los retos de la vida y siguen representando su papel porque desean los elogios y el reconocimiento del exterior. Sienten (casi siempre inconscientemente) que su «identidad» no se basa en su carácter y que constantemente les acecha el peligro del derrumbamiento. Si esto sucede, esa persona tiene que replantearse su identidad. Un desmoronamiento de este tipo (la llamada crisis de identidad) es un nuevo intento, una nueva oportunidad de individualización, para conseguir la autorrealización. Si, por el contrario, una persona

llega a la autorrealización expresando su propia naturaleza, no sentirá agresividad o deseos de destrucción
contra otras personas o seres vivos porque desarrollará
sus propias aptitudes y necesitará toda su fuerza y su
potencial para desplegar esas capacidades y para superar los obstáculos que se le presenten; además de todo
ello obtendrá energía. Una persona autorrealizada es
consciente de que la destructividad daña a los otros y
que además no aporta nada, ni a él mismo, ni a su desarrollo personal.

Esa persona acepta (por el contrario) los obstáculos
«agradecida» y encantada porque suponen la posibilidad de un mayor crecimiento y energía. No lucha contra
algo, sino que le gusta enfrentarse a situaciones en las
que se puede desarrollar. George Bernard Shaw lo expre-
só de esta manera: «Siempre se culpa a las circunstancias
por lo que el hombre es. No creo en las circunstancias.
Aquellos que progresan en el mundo van hacia delante
y buscan las circunstancias que desean encontrar y, si no
las encuentran, las crean ellos mismos».

Aquí se ve claramente lo importante que son para un
niño el reconocimiento y el amor para el posterior desarrollo de sus aptitudes, para la reducción de la agresividad y la destructividad y como base de una vida feliz.

*Su hijo tiene una personalidad única, que ha defendi-
do hasta ahora con éxito de todos los intentos de
«doblegar» sus aptitudes internas, y cuanto más sienta que usted reconoce su naturaleza innata, que le
acepta y apoya sinceramente, más medirá el niño sus
capacidades y a sí mismo con sus amigos y compañeros de escuela.*

Es un fenómeno sorprendente: ¡cuanto más consciente
sea de su personalidad y cuanto menos lo compare con
vecinos, compañeros de clase o hermanos, más ganas
tendrá su hijo de medir con otros su autoconfianza

recién ganada y su capacidad! ¿Recuerda lo que decía Erikson? Él es quien ha averiguado que la autoconfianza y la capacidad de trabajo de un niño en edad escolar tienen que ver con la conquista de su lugar en la sociedad, por medio de la adquisición de determinadas capacidades y la comparación de las mismas con sus compañeros.

¡Alégrese porque usted también ha contribuido considerablemente a dar a su hijo la posibilidad de formar una personalidad sana!

Naturalmente ahora no tiene tampoco que exagerar, resaltando lo bien que hace esto o aquello o diciéndole que es mejor que nadie. Encontrará un término medio equilibrado entre el reconocimiento de la capacidad infantil y la alegría serena sobre su nueva conducta sin proclamarlo a los cuatro vientos.

¡ALABE A SU HIJO CUANDO REALMENTE HAYA HECHO ALGO BIEN!

¡En la medida en que su hijo pueda examinarse a sí mismo y sus capacidades y se autoevalúe de manera realista, valorará los elogios que le llegan del exterior honesta y sinceramente, en especial los que provengan de usted!

Después de haber llegado hasta aquí, con su hijo, en el camino hacia la superación del problema de aprendizaje, se sorprenderá de que sus alabanzas parezcan totalmente distintas a las de hace unos pocos meses. Si antes elogiaba a su hijo para tranquilizarle, o a usted mismo, o para conseguir algo a través de la alabanza (para manipularle), el elogio con el que usted «regala» hoy a su hijo se hace desde el verdadero convencimiento. Gracias al camino que han andado juntos, su resistencia conjunta, su calidad de equipo y a través de muchas otras experiencias aunadas, usted habrá observado tantas cosas que merecen su elogio y admiración, que estará orgulloso de su hijo y de sus potenciales y por tanto lo elogiará con gusto y sinceridad.

¡Por cierto, una alabanza expresada en público es especialmente motivadora!

Todavía veo frente a mí al pequeño Maurice, después que hubo leído solo su primera palabra; casi «levitó» de lo orgulloso que estaba cuando, por casualidad y en presencia de Maurice, conté a un vecino con quien me encontré lo que había pasado: «¡Señor Almar, imagínese, Maurice sabe leer!». El hombre reaccionó de una manera encantadora, dirigiéndose a Maurice y preguntándole: «¿Es eso cierto, Maurice, de verdad sabes leer?».

Hay un refrán (creo que afgano) que dice algo como: «Si tú te alegras, entonces se lo contaré a todos los vecinos». ¿Qué le parece escribir una carta a todos los miembros de la familia, abuelos, tías y tíos en la que cuente con alegría el nuevo conocimiento que ha adquirido su vástago? ¿Cuál cree que será el efecto de una carta de ese tipo cuando su hijo la lea?: «¿Sabéis? A Oliver le han dado el segundo sobresaliente en matemáticas, y eso que ha tenido durante mucho tiempo verdaderos problemas con esa asignatura».

Hasta aquí la descripción de cómo aumentar la motivación de su hijo para que aprenda a través del elogio, siendo la mejor opción la alabanza en público.

¡Ahora podrá ser creativo y decidir el mejor tipo de loa para motivar a su hijo!

Pero antes de que nos adentremos definitivamente en el capítulo: ¡Lo ha conseguido! y de felicitarle por su lucha y por la habilidad que ha demostrado, no quiero terminar éste sin ofrecerle algo que usted siempre podrá utilizar, no importa a la altura del camino en la que se encuentre hacia la superación del problema. Lo mejor es que doble una esquina de la página o ponga un marcador de lectura para repasar estas hojas cuando el problema amenace con sobrepasarle, cuando sienta que a pesar de avanzar paso a paso, su hijo de repente vuelve a traer malas notas, la profesora se queja permanentemente de él, los niños del vecino le cuentan lo mal que de nuevo se ha portado su hijo en la escuela... Y a usted le da la sensación de que ya nada tiene sentido... ¡Sepa que le sucede lo mismo que al resto de los padres que han tomado este camino!

Siempre que acabamos de experimentar esa sensación excitante, de alegría y éxito, a menudo nos encontramos con una «vuelta atrás» (hasta que el nuevo camino que hemos tomado logre estabilizarse), que nos deja consternados y descontentos.

No importa lo frustrante y decepcionado que se sienta, no se deje desmoralizar.

TENGA PACIENCIA, MUCHA MÁS DE LA QUE JAMÁS SE HABÍA PODIDO IMAGINAR

Las frustraciones son parte de la vida, sólo con ellas podemos crecer y madurar. Si ante usted aparece la perspectiva de un retroceso, en realidad no es más que un paso atrás después de uno hacia delante. Si después de pequeños éxitos que le han hecho feliz, ve de repente nuevos problemas, tómeselos como retos y oportunidades que le darán una renovada energía y alegría de vivir al superarlos. No importa lo grandes que le parezcan las dificultades, no tenga dudas, ni miedo en su interior por el camino que ha emprendido.

Seguirá por ese camino, con su hijo, durante una serie de años y en él encontrará, en adelante, muchos altibajos. Pero entretanto irá aprendiendo que cada problema, cada crisis, es la puerta hacia el éxito.

Piense en si puede hacer frente a la nueva dificultad con confianza y fe. ¡Verá cómo tarda poco tiempo en superar la crisis! Este nuevo proceso de aprendizaje exige de usted, sobre todo, una paciencia casi infinita, hasta llegar a conseguir que se convierta en un proceso de rutina. Seguramente se sorprenderá al ver que a menudo quisiera recaer en el esquema de conducta al que estaba acostumbrado... ¡pero no! ¡Tiene la obligación de creer en usted y en su hijo, y ha hecho ya tanto que no puede retirarse!

SU HIJO NECESITA «REBAJAR LA PRESIÓN»

Al igual que usted se siente frustrado algunas veces, y no puede reconocer lo lejos que ha llegado hasta ahora, su hijo también experimentará este tipo de momentos de duda.

Su hijo entretanto, gracias a Dios, ha mejorado, es más fuerte y su yo se ha hecho más seguro, de modo que ya no reacciona como antes, ya no se siente anulado por su dificultad de aprendizaje, sino que es probable que exprese su ira en voz alta, protestando, quizá incluso llorando.

Tal vez chille, dé patadas y solloce, puede que incluso le regañe. En cualquier caso dará rienda suelta a su frustración y a sus sentimientos. ¡Y eso es bueno! Alégrese de que no se lo guarda todo como antes para ahorrarle un disgusto, sino que se defiende y reacciona ante sus experiencias negativas.

En cualquier caso esté convencido de que a pesar de lo duros que sean los insultos que le dirija, en su forma y contenido, nada tienen que ver con usted. ¡No se refieren a su persona! Da la casualidad de que es el ser humano más cercano a su hijo y confía en que usted termine con su comportamiento. Por eso le aconsejo:

No se tome los estallidos de ira de su hijo como algo personal, sino déjele que reaccione y muéstrele luego su comprensión.

Quizá le diga con calma, en una de esas situaciones extremas en las que el niño no parar de gritar, enrabietado, que también usted conoce esas situaciones y que se imagina perfectamente lo mal que se siente, pero que en este momento usted no tiene ganas de oír sus gritos y que prefiere marcharse de la habitación. Quizá su hijo no se tranquilice fácilmente y salga gritando tras usted; es algo que también puede pasar. Mantenga la calma, utilice lo que ha aprendido.

Y aquí va otro consejo: cuando piense que no puede más, que el pequeño está traspasando todos los límites, antes de que pierda el control, ¡respire!, concéntrese en su respiración, trate de inspirar y espirar tranquilo, si es posible, regularmente (si alguna vez ha oído hablar de respirar con el estómago, hágalo) y la situación se calmará por sí sola.

Este tipo de situaciones extremas son totalmente «normales», el niño pone a prueba sus límites.

Permanezca tranquilo y consecuente, reflexione y no guarde rencor.

¡Cuando haya pasado la tormenta, perdone al niño ese desliz! Ha construido, con la ayuda de su hijo y de un enorme esfuerzo, una buena relación con él. ¡Esto es algo que nunca debe ponerse en juego! No se puede estropear bajo ningún concepto. Está construyendo la mejor base para una posterior relación padre-hijo.

Cuando haya vuelto la paz, haga comprender al pequeño que no acepta su conducta y que no le ha gustado ser la víctima de sus agresiones. (Quizá le ofrezca en el momento adecuado un saco de boxeo u otra manera de expresar –por ejemplo, un deporte– los sentimientos negativos.)

Siga demostrando amor y siendo comprensivo. Recuerde lo que le dije al principio: los niños están siempre frente a algún cambio, tienen que abandonar lo conocido y aprender cosas nuevas. Si a esto le añadimos las frustraciones, pueden producirse reacciones desmedidas.

¡NO ABANDONE NUNCA!

He leído un libro que habla sobre los treinta días mágicos. En él se explicaba algo muy cierto: si hemos llegado a un punto en el que pensamos que no podemos seguir adelante, no debemos tomar ninguna decisión en ese momento, durante 30 días nos repondremos de la fatiga y después de esos 30 días mágicos, decidiremos si podemos contemplar el asunto desde otro ángulo. Utilizo este ejercicio desde hace mucho tiempo y después de 30 días me había olvidado de todas las penas, e incluso las situaciones más inquietantes dieron un giro y mejoraron en ese espacio de tiempo.

A menudo también los problemas nos parecen muy grandes porque queremos solucionar demasiadas cosas a un tiempo, damos el segundo paso impacientemente después del primero y queremos ver los resultados lo antes posible.

Para salir de una situación tan delicada limítese a mirar sólo lo que tiene frente a usted.

Primero solucione únicamente las cosas más inmediatas del día de hoy.

Una vez preguntaron a un conocido jugador de tenis (ya no recuerdo quién era) qué hacía para ganar a sus contrarios. Respondió diciendo que lo único que hacía era concentrarse en la siguiente pelota que tenía que golpear, no pensaba en todo el partido, ni en el match, ni en el puesto que ocupaba en la tabla, sólo en ese objeto redondo. Así es como debemos ayudar a nuestros hijos, concentrándonos sólo en una materia.

Su hijo tiene que pensar en superar una tarea escolar, no en las materias de todo el año, no en todo el libro que hay que leer. Basta con hacer los trabajos diarios con regularidad. Para ello siempre necesitará, por supuesto, su apoyo ¡no necesariamente para hacerlos, pero sí para poder llevar un control y también para recordárselo!

AYUDE A SU HIJO A CUMPLIR CON SUS OBLIGACIONES DIARIAS

Esto puede hacerse, por ejemplo, apuntando ambos en una lista todas las asignaturas. Ésta se puede colgar en la puerta del frigorífico o escribirla en la agenda. En esta lista se apuntarán todas las notas y los avisos que se han dado en clase: cada examen, cada notificación, cada dictado, cada prueba. Así tendrá el rendimiento diario de su hijo ante los ojos y puede tomar a tiempo medidas correctivas.

Además su hijo debe llevar un cuaderno de deberes para casa en el que anote las tareas que tiene que hacer a diario (y que usted debe controlar por la noche) y en el que se incluirán las faenas terminadas. De este modo se acostumbran, tanto usted como su hijo, a una conducta ordenada en el trabajo, que pronto se convertirá en rutina. Experimentará que llevar esta regularidad sólo es difícil al comienzo, pero luego se beneficiará de ella, ya que en seguida descubrirá pequeñas dificultades de aprendizaje o lagunas, y no se apilarán montañas de carencias.

ACUERDE RECOMPENSAS

Son importantes para sobrellevar las pequeñas medidas disciplinarias antes descritas. Para mejorar la conducta de aprendizaje se pueden prometer al comienzo pequeñas recompensas, si se hacen correctamente los deberes. Ya no se trata de condicionar a su hijo contra su naturaleza, sino de una medida de apoyo que ayuda al niño a afirmarse en su mundo.

Quizá haya algo que su hijo desee desde hace tiempo: una visita conjunta a la piscina o al cine, o un pequeño juego o un libro, o algo similar.

Aquí también se le pide que tenga un sexto sentido: hay una frontera entre una pequeña recompensa cariñosa y una trasgresión en el desarrollo del niño, por ejemplo, manipulándole con cosas materiales. Siga siendo fiel a la relación cariñosa y ayúdele a seguir su camino.

¡NO SE OLVIDE DE VIVIR!

Al igual que su hijo se ha ganado pequeñas recompensas y «pruebas de cariño» de cuando en cuando, usted tampoco puede olvidarse de vivir.

¡Para que siga siendo una persona amable en su entorno y consigo mismo, es necesario que saque de la vida tanto placer y satisfacciones como le sea posible! Tenemos que pensar que, a lo largo del nuevo camino emprendido, necesitaremos olvidar de vez en cuando los problemas y repostar energía con una actividad que nos resulte grata. ¡Decídase conscientemente por algo que le anime y que le dé vitalidad!

Con fuerzas renovadas y energía es mucho más fácil solucionar los problemas.

De vez en cuando dé un «salto atrás» y contemple el problema desde fuera, así reconocerá otras vías de solución y dará la posibilidad a su creatividad de idear nuevos métodos para superar las dificultades.

Charlotte Bücher escribe en su libro *Psychologie im Leben unserer Zeit* (La psicología en la sociedad de nuestro tiempo) que interponer cierta distancia entre nosotros y los problemas es un signo de salud mental. Podrá decidir si se ocupa de la solución del problema ahora o si prefiere distanciarse, casi desconectarse, de él para repostar energía y buscar una mejor solución con más fuerza.

Para ello un consejo:

Concédase un capricho de cuando en cuando.

Puede ser un viaje de fin de semana a Roma, una puesta de sol en el mar, un recorrido tranquilo por la naturaleza, un paseo por el monte, una carrera a través del campo por la mañana, ir a un café, un concierto, salir de compras, a un espectáculo deportivo... Está permitido, es deseable, aconsejable y muy importante, encontrar cualquier cosa que le haga feliz y que le proporcione nuevas ganas de vivir.

¡LO HA CONSEGUIDO!

Ha llegado el momento en que se da cuenta de que lo ha conseguido. Su hijo tiene una conducta impecable y es un encanto con usted. El niño es más tranquilo y equilibrado. Acepta mejor las críticas y trata de comprender las razones, además reacciona agradecido a los elogios y la comprensión. En pocas palabras: se ha convertido en un compañero adecuado para los niños de su edad, que respeta su autoridad y que está en disposición de hacer valer sus necesidades apropiadamente.

Al no ver un «enemigo» en usted, sino que se ha dado cuenta de que está a su lado como un amigo, usted puede confiar en su lealtad.

Naturalmente, en el caso de que este nuevo comportamiento de compañerismo no se haya establecido a golpe de martillo. Usted es cada vez más consciente de cómo este comportamiento relajado, cariñoso, conquista un espacio cada vez mayor en su relación. Notará que siente un amor cada vez mayor hacia su hijo y percibirá que él puede demostrar el amor hacia usted.

Ha hecho un trabajo difícil si ha superado los diferentes pasos hasta llegar aquí con su hijo. Ha realizado una infinidad de cosas buenas por el niño y ha plantado la base para un relación estable y duradera padre-hijo. Si el camino hasta este punto ha transcurrido favorablemente, no sólo habrá transformado la relación con su hijo en una alianza de buenos compañeros, sino que posiblemente es usted más maduro gracias a ello. Sería bonito que pudiera decir que ha aprendido algo como padre y que es más consciente de su papel de progenitor y de su propia conducta. Ahora puede mirar atrás por un momento y disfrutar de la sensación del trabajo bien hecho.

SE HA GANADO EL AMOR Y LA CONFIANZA DE SU HIJO

Ha quedado atrás la etapa más importante de la tarea que se había propuesto para superar la dificultad escolar de su hijo.

Ahora sólo le queda mantener lo que ha conseguido, afianzarlo y, con la ayuda de «estrategias» eficaces, no apartarse del camino.

A partir de ahora hablamos de la estabilidad: un constante progreso en el camino que nos hemos propuesto, con sus momentos buenos y malos, sus «dos pasos para delante y uno para atrás». Ahora conoce la felicidad y los problemas a los que su hijo está expuesto todos los días, y usted posee una visión más que amplia y una idea realista que le permitirán opinar y actuar en el día a día. Si ha vivido momentos felices y de éxito en la vida de su hijo, también sabrá que vendrán momentos de dificultades. Si encuentra un reto nuevo que hay que superar, sabe que tendrá que «digerir» frustraciones de todo tipo. Estará tranquilo después de un éxito (al igual que ante los problemas que surjan), y está en disposición de decidir (según la exigencia de cada caso) si se alegra interiormente o si prefiere expresar su felicidad.

Después de haberse abierto paso hacia una «autoridad paterna amistosa», su hijo le aprecia y admira. También usted estará orgulloso del trabajo y la capacidad del niño. Usted se ha convertido en una persona interiormente libre, que puede decidir entre qué sentimientos quiere guardarse y cuáles «pone en libertad». Controlará más fácilmente sus sentimientos y pensamientos, y sabe que por medio de pensamientos tenaces y confianza, también podrá, tarde o temprano, organizar las circunstancias de la vida de manera agradable.

Y lo más importante: ahora está preparado para guiar y ayudar a su hijo con cariño.

Su hijo acepta sus recomendaciones porque se siente comprendido y cuando tenga una opinión diferente a la suya la expresará (probablemente con mucho alboroto). Su hijo pisa ahora fuerte y también es capaz de aceptar la disparidad de opiniones y los conflictos, debatir y esforzarse por una solución. No importa lo disputado que haya sido el problema, usted no guardará rencor hacia su hijo y disfrutará después de una «atmósfera limpia».

Tampoco los conflictos escolares logran sacarle de sus casillas, ha aprendido a aceptarse a él mismo y sus necesidades, comportarse apropiadamente y superar los retos que aparezcan.

Ahora hay que estar atento para que la autoconfianza adquirida no se convierta en altanería y que su hijo sepa tener los «pies en el suelo», para poder seguir avanzando. Su cometido consiste ahora en «llevar las riendas» con cariño paternal y ser para su pequeño el apoyo necesario para el desarrollo de su carácter.

AHORA SEA CONSECUENTE

La firmeza en la educación familiar y el buen comportamiento de los educadores es un tema que preocupa hoy en día a casi todos los padres. A menudo se debaten entre la rectitud y el dejar-hacer, y desconfían por igual de ambas formas de educación.

Después de años en que los estilos educativos pusieron de moda el antiautoritarismo, casi todos los docentes reconocen que han hecho un flaco favor a los niños con un tipo de educación que no pone límites y evita las frustraciones de los alumnos. Se han dado cuenta de que los pequeños necesitan límites y fracasos para forjar su carácter y para el desarrollo de los potenciales internos, pero que se asustan de la severidad excesiva y ésa es la razón por la cual se inclinan hacia el lado opuesto.

Después de todos los enquistados principios educativos de nuestra propia infancia, en la mayoría de las familias ha surgido un vacío que es insalvable.

Podríamos decir que actualmente entramos en un «territorio inexplorado» en lo que se refiere a educación infantil. Nos hemos convertido en padres demasiado artistas, demasiado creativos en la educación, desarrollamos nuestro propio estilo pedagógico y tenemos que realizar nuestra obra de arte, así como reconocer nuestras propias necesidades y las del niño y satisfacerlas apropiadamente. Tenemos que encontrar el equilibrio entre la severidad (que parte del respeto a nosotros mismos, ya que el sentimiento de culpa hacia nuestro hijo pertenece al pasado), la vitalidad y la relajación de costumbres.

Lo más importante es que todo lo que hagamos y nuestro proceder tenga sentido. Transmitirá a su hijo este convencimiento y el sentimiento de la justicia, y a través de ello se forjará la seguridad en sí mismo y la confianza en usted y el entorno.

En el interesante libro *El secreto de un niño feliz*, el terapeuta familiar Steve Biddulph cuenta que una de las grandes sorpresas que se ha llevado en su trabajo ha sido descubrir que los niños más felices y estables eran educados por padres especialmente estrictos. Averiguó que esos padres guiaban a sus hijos con rigidez pero también, como era previsible, con cariño y con una gran atención.

Vamos a analizarlo en detalle. Sobre la base de la confianza ya adquirida en una buena relación entre usted y su hijo tienen que establecer reglas importantes para la vida en común, por ejemplo, para las tareas de la escuela y la casa. Demuestre a su hijo que de verdad se ha ganado el derecho a esa camaradería, pero no deje ninguna duda sobre su autoridad (es muy importante en la educación) hasta que su hijo desarrolle su propia autoridad interna y esté preparado para la vida.

¡Después de que estas reglas hayan pasado por el «consejo familiar», ocúpese de que el cumplimiento de las mismas sea consecuente!

Por mi propia experiencia le digo que es una buena idea escribir las reglas para que usted también pueda cumplirlas. Si se ha acordado que la hora de llegada a casa es a las 19.15 horas, será oportuno que se plantee de antemano posibles imprevistos. El límite superior se debe cumplir siempre. Para seguir con el ejemplo: si va a llegar 15 minutos más tarde tiene que acordar con su hijo que le llame y le informe. De lo contrario deberá tomar medidas que sean apropiadas y pedagógicas para el niño. En este caso, por ejemplo, su hijo tendrá que ser absolutamente puntual hasta que usted haya renovado su confianza en él.

Si se está ocupando de que las reglas se cumplan, no discuta con su hijo (algo que era posible antes de formular las pautas), no reclame nada, tan sólo exija el cumplimiento de las normas (usted está autorizado a ello; también por su hijo). Así él aprenderá y se beneficiará de esta actitud consecuente.

Supervise siempre el cumplimiento de las reglas hasta que se hayan convertido en una rutina. Eso hará que la vida en común sea más sencilla.

También se sorprenderá de lo feliz que será el niño de ahora en adelante gracias a su comportamiento. Sobre todo notará que le quiere. Y estoy completamente de acuerdo con Marie von Ebner-Eschenbach: «La crítica de los mayores se soporta cuando se sabe que quien critica preferiría alabarnos».

Compórtese siempre de manera relajada en relación con las reglas adoptadas y su hijo se beneficiará de ello: lo importante aquí es el cumplimiento de las normas creadas conjuntamente y no la persona. La naturaleza del niño sigue siendo «intocable», no importa cómo se comporte el pequeño, de modo que después del cumplimiento de sus requerimientos hágale saber con total tranquilidad: «Bravo, ahora lo has hecho bien», y vuelva de nuevo a sus asuntos.

Ahora un comentario más sobre el tema de los deberes escolares y su cumplimiento: es mejor dedicar media hora con regularidad y concentración a los deberes que mucho tiempo de una manera irregular. También es mejor, si su hijo tiene problemas con la lectura, por ejemplo, leer todos los días una o dos páginas (según la edad) que varios capítulos de vez en cuando. Asimismo es mejor repasar la tabla de multiplicar todos los días diez minutos que toda la retahíla de una vez en intervalos irregulares.

El comportamiento consecuente frente a su hijo es imprescindible, ya que la comodidad pone en peligro el desarrollo de todas las capacidades y una personalidad creativa libre.

Usted ha contraído la gran responsabilidad de hacer que su hijo madure como una persona de mente sana, y hasta ahora ha seguido los pasos cruciales, ha descubierto los potenciales, capacidades y habilidades especiales de su hijo, lo que implica que hay que intentar fomentarlos.

EXIJA Y APOYE A SU HIJO

No importa qué habilidades especiales fomente usted en el niño, muéstrele que espera mucho de él en el futuro y que usted le cree capaz. Y dele ánimos. En lugar de señalarle continuamente lo que todavía no puede hacer, hágale consciente de lo que ya ha aprendido y de lo que ya sabe. Cosas que antes eran difíciles o imposibles. Dígale, por ejemplo, si está desanimado porque no puede leer correctamente palabras difíciles: «Mira, esta palabra todavía no te sale, pero todas las demás las lees muy bien y ésta también la leerás». O cuando falta poco para ir a la piscina por primera vez y tiene mucho miedo, recuerde a su hijo que puede hacer diez largos en la piscina con flotadores o que ya sabe hacer el muerto y háblele de su propia experiencia: «¿Sabes que para mí, a tu edad, sólo fueron malos los primeros cinco minutos? Luego todo marchó fenomenal». Fomente su independencia a través de su propia actitud interna, confíe en que él mantiene «a raya» sus propios asuntos y deje a un lado los consejos. Descubra cosas que puedan interesar a su hijo y ayúdele a aprovecharse de ellas. Usted ya conoce al niño y sabe cuáles son sus mejores cualidades. En el futuro siga buscando nuevas posibilidades para desarrollar más sus capacidades.

En su papel de padre esfuércese en encontrar oportunidades y posibilidades que se adecuen a los conocimientos y capacidades de su hijo.

Si ya ha descubierto las capacidades especiales que posee su hijo, no deje que se conforme sólo con sus aptitudes naturales, que reflejan su singular individualidad. También debería desarrollar (sin presión) aquello que no le gusta tanto. Si su hijo, por ejemplo, está muy capacitado para las manualidades, que es un don digno de admiración del cual el pequeño puede estar orgulloso y del que además es posible que derive una buena parte de su autoestima, apoye usted también sus capacidades cognitivas. Como usted ahora ya sabe, poseemos aptitudes funcionales diferentes en nuestras dos mitades del cerebro que posibilitan el desarrollo cognitivo y el creativo.

Exija a su hijo, pero no le sobrecargue.

Los pasos pequeños y bien adecuados en el aprendizaje son más efectivos que intentar realizar muchas tareas y difíciles de una vez.

Después de haber culminado un trabajo sobresaliente como padre, su hijo empieza paulatinamente a interiorizar lo que le ha enseñado, comienza a responsabilizarse despacio de sus propias tareas.

Cada vez oirá más a menudo a su hijo que dice: «Puedo hacer esto solo, vete tranquilo, ya lo hago yo».

Ahora esto significa para usted hacerse a un lado y los requisitos infantiles implican la existencia de una responsabilidad independiente.

APOYEN A SU HIJO EN SU CAMINO

Ustedes son el apoyo de su hijo en el comienzo de su andadura hacia la vida. Antes no estaba en situación de iniciar ese camino porque veía todo como una confrontación, confuso, desestructurado y sentía miedo. Ahora pueden ver contentos que su hijo, que se ha hecho más fuerte, alegre y estable, va al puerto protector de los padres sólo de cuando en cuando, para allí reposar energía antes de proseguir en su camino vital que acaba de iniciar.

Denle siempre lo que necesita, seguridad y apoyo, y alégrense de que su independencia, su curiosidad, su sed de actividad y su valentía al acercarse al mundo casi no tiene límites.

Se entrega a la vida y a los retos diarios de la misma.

S U HIJO ABORDA LOS RETOS CON ENTUSIASMO

La base más importante que pueden ofrecer a su hijo no es otra que el hecho de enfrentarse a la vida y a sus retos con energía.

Pero no se hagan muchas ilusiones: sus vidas y la de su hijo no serán un mar de rosas en lo sucesivo. Habrá altibajos, desesperación y triunfo; momentos en que el niño no sabrá cómo continuar a corto plazo, tendrá que seguir luchando de cuando en cuando con problemas escolares y malas notas. Pero todo eso es muy diferente de los claros bloqueos de aprendizaje que hemos descrito al comienzo del libro. Ahora serán, por así decirlo, una nubosidad transitoria, después de la cual el sol vuelve a brillar y que poco tiempo después aparecerá de nuevo. Los problemas de aprendizaje actuales son a corto plazo: pasan tan rápido como han llegado. Finalmente ustedes y su hijo tendrán la plena certeza de que podrán solventar la crisis de aprendizaje y que su conclusión conlleva un mayor desarrollo personal.

En lo sucesivo las dificultades de aprendizaje serán algo que se verá como «crisis de crecimiento».

Ustedes y su hijo se toman la vida ahora con más tranquilidad. No ignoran que está compuesta de muchos factores (también el sufrimiento); pero asimismo saben que esas situaciones dolorosas se resuelven.

La vida es, y sigue siendo, un reto. Siempre hay que tomar decisiones que no sabemos de antemano si son correctas o no. Tenemos que aprender a ser responsables de nuestra vida y nuestras decisiones.

Pero siempre después de cada una de las fases de la vida que concluimos con éxito, nos hacemos más fuertes. Cuanto más enconada sea la lucha para realizar nuestras obligaciones, más fuertes y seguros de nosotros mismos estaremos para el siguiente reto.

También su hijo ha empezado este camino de evolución en la vida. Ha aprendido a conocerse a sí mismo y sus necesidades y a luchar por su lugar «en el mundo». Cuando sientan miedo por su hijo porque se adentra en un territorio desconocido, confíen en que cuenta con las suficientes armas para defenderse en su camino.

Si han recorrido todo el camino junto con su hijo y le han ayudado a ser más seguro de sí mismo y a tener ganas de vivir, entonces habrán plantado las bases para una buena salud mental de su hijo y le han ofrecido las mejores posibilidades para que pueda dirigir su vida y ser cada vez más independiente.

Su hijo, por ejemplo, renunciará a imponer sus deseos de modo violento, ya que lo hace con sus reservas de auténtica fortaleza que le ayuda a tener prestigio dentro de su entorno social.

No necesitará droga alguna para dar color y profundidad a su vida, pues ya posee una rica vivencia interior; tiene el suficiente valor para buscar nuevos caminos cuando su existencia se haya hecho monótona. Ni necesitará el alcohol para entenderse con las personas de su edad.

Su hijo se ha hecho lo bastante fuerte para resistirse a los demás diciendo simplemente «no». Gracias a que ha vivido el «no» que provenía de ustedes, ahora puede oponerse con su propio «no».

No olvidemos que la mayoría de los alumnos de nuestras escuelas tiene grandes deficiencias emocionales y que el empleo de la violencia está a la orden del día. Y también que muchos niños conocerán a fondo, en el futuro, las adicciones y la criminalidad. Citaremos las palabras del antiguo director de la Administración Escolar de Nueva York, Cortin: «Deberíamos repartir medallas al valor en lugar de títulos cuando abandonan la escuela». ¡Y es cierto! Parece impensable que una persona «normal» deje a su hijo a la puerta del colegio y que tenga que volver al mediodía a recogerlo debido a la cantidad de violencia, criminalidad y adicciones de diferentes tipos que se pueden encontrar en nuestras escuelas. Los padres viven el entorno escolar de su hijo sólo en días especiales: en reuniones escolares, excursiones, finales de curso y actos similares. Pero son pocos los padres que se hacen una idea realista de cuanto sucede detrás de la puerta de una clase y en el patio de colegio.

Cuando su hijo se enfrenta por primera vez, con valentía y seguro de sí mismo, a los retos de su joven vida, los adultos serán para él una ayuda con la que, sin dudarlo, siempre contará.

Un niño que se enfrenta a los retos con una fuerza recién adquirida es como un árbol joven que debe resistir ante la tormenta.

Para que ustedes puedan fijar sus raíces (todavía tiernas) fuertemente al suelo, necesitan el apoyo del exterior. Ustedes tendrán que apoyarle hasta que sus propias raíces sean lo bastante fuertes y se hayan anclado en el suelo a la profundidad suficiente para que le proporcionen la sujeción necesaria ante las tormentas de la vida. Por eso todos los adultos que rodean al niño están obligados a prestarle apoyo y soporte, además de ser un modelo para él y, en todo momento, darle confianza para que pueda ponerse en marcha solo, aceptar los retos y crecer gracias a ellos.

Lo que ustedes hacen diariamente por su hijo y lo que han hecho hasta ahora para su estabilidad, influirá (como se esperaba) en su propia vida y en la futura vivencia de su hijo. Han creado una base de confianza de la cual, tanto ustedes como su hijo, obtendrán seguridad. Él guiará su propia vida, pero ustedes serán sus consejeros más importantes.

Aunque tengan peleas y diferencias, éstas se darán dentro del respeto mutuo y la responsabilidad recíproca. Quisiera cerrar este capítulo con una frase que simboliza esta fase de desarrollo de su hijo:

«*Los árboles no dejan ver el bosque*».

El bosque es su objetivo, es decir, fortalecer la individualidad de su hijo, ayudarle a superar las exigencias que le asaltan a diario, a ser curioso con la vida y el aprendizaje. Usted será su seguro compañero para que pueda terminar su fase de desarrollo infantil de un modo sano y estable.

Si mantiene ese bosque como objetivo, todos los impedimentos (los árboles) que aparezcan serán tan poderosos como usted les permita. Ya que el objetivo/bosque es en todo caso mayor que los problemas/árboles.

L A CREATIVIDAD DEL NIÑO

Quisiera ocuparme ahora de un tema que tiene una gran importancia hoy en día, por lo que me parece apropiado abordarlo en detalle. Se buscan con avidez nuevos caminos para desarrollar la creatividad humana. En las empresas se cuenta con la ayuda de «expertos en creatividad» que se esfuerzan en sacar a la superficie ese potencial oculto de los trabajadores.

Los juguetes creativos se han convertido en regalo obligado para casi todos los niños.

La creatividad se ha convertido hoy en una palabra de moda y en un tema que está en la calle. La creatividad es un concepto muy utilizado que superficialmente se considera positivo: el que es creativo, es bueno. Sin embargo, los que se ocupan seriamente de este tema se dan cuenta de la cantidad de mensajes contradictorios que la sociedad transmite en relación con la creatividad. Son algo así:

Sea creativo, pero no demasiado.

O, claro que queremos niños creativos, pero cuando es así nos asustamos.

O, las personas creativas son fantásticas, pero la mayoría de las veces fracasan en la cruda realidad.

O, genio y locura.

En todos los casos, cuando miramos detrás de la fachada de este concepto positivo, nos encontramos un gran rechazo oculto y descubrimos una respuesta dividida en casi todas las personas hacia la creatividad. Quisiera formularlo del siguiente modo (citando libremente del libro de Erich Fromm: *Ser o no tener*). Todo el mundo quiere tenerla (la creatividad) y nadie quiere serlo (es decir, creativo).

En esta contradicción educan casi todos los padres a sus hijos: tienen (incluso deben) que ser niños creativos, pero ¡ay! si se hacen realmente «creativos». Se acabó la tranquilidad, pero a menudo la televisión es la salida. Y entonces estamos en medio de un verdadero dilema, ¿cómo abordar la creatividad del niño?

Pensemos (para comprender el comportamiento de los padres), una vez más, cómo ha sido educada la generación actual. En la infancia de los padres de hoy ni se hablaba de creatividad en la mayoría de las familias. Creativos eran los artistas, sensibles, soñadores, que no se entendían con la vida porque no habían crecido en la dura realidad. Ya que los llamados creativos se contraponían a los adaptados, y cuya individualidad y energía creativa eran molestas y a los cuales se presionó durante el tiempo necesario para que vencieran a ambas, la energía ya no fluía en la vida y la persona, adaptada finalmente, sólo daba un giro y dejaba de ser un adaptado debido a una enfermedad o un golpe del destino y, por último, recobraba su verdadera personalidad.

No se ha encontrado relación alguna entre la enfermedad y el destino y la creatividad y la individualidad reprimidas en la sociedad que conocemos.

Hoy en día está claro lo importante que es la creatividad para una vida feliz, pero apenas nadie conoce su naturaleza y sólo unas pocas personas pueden decir algo sobre el desarrollo y el estímulo considerados en la creatividad humana.

Como acabamos de mencionar, casi todas las empresas de renombre tienen «su» entrenador creativo, pero cuando se observa con más detenimiento vemos también aquí un mensaje contradictorio que se da en el entrenamiento de los trabajadores criticados por falta de creatividad:

«Sed creativos (pero no demasiado)», ya que mucha creatividad podría sacudir los cimientos de la institución y eso, por supuesto, no es lo que deseamos.

En este punto se hace indispensable la comprensión básica y profunda tanto de la naturaleza de la creatividad, como del miedo humano a los cambios. Primero examinemos en detalle el miedo humano a los cambios, ya que empieza en la educación infantil. Entonces:

¡Un niño sano es creativo!

El niño aprende porque es curioso y quiere aprender cosas nuevas. No está viciado (aún) ni condicionado por una vida amedrentadora, por las frustraciones que se deben evitar a cualquier precio y que suelen llevar al fracaso y a la adaptación. Un niño aprende de cada fracaso, sigue incansable hacia delante hasta que llega a su objetivo. Cuanto mayor se hace el niño, más convencidos están sus educadores de que se adapta al entorno y tienen que enseñarle «cómo se aprende». Sin darse cuenta, en muchos casos inconscientemente, los adultos transmiten a menudo este mensaje al pequeño: «La vida es peligrosa, sólo puedes andar por los caminos ya transitados». El niño que percibe este mensaje de los mayores empieza a temer lo desconocido, lo nuevo. Pierde su curiosidad y se despreocupa frente al aprendizaje.

Debido a que la mayoría de los adultos han perdido, en gran medida, su creatividad, su carácter abierto y su curiosidad, les da pánico que un niño no quiera o no pueda aprender más. Están desesperados y se impacientan, regañan, chillan o incluso golpean a su hijo, en lugar de ayudarle y estar a su lado con cariño.

Por todo ello vemos que desde la infancia se nos niega la creatividad que hay en cada uno de nosotros, y así comienza el miedo a la vida y a los cambios.

Sólo unos pocos niños tienen la suerte de crecer en unas condiciones de vida óptimas para un desarrollo de la creatividad, en un entorno sin apenas miedos que les permite conservar su creatividad. Todos envidian a las personas con una fuerza vital y una creatividad indestructible. Por eso se trata este tema hoy en día desde todos los puntos de vista y se utiliza como reclamo para empresas innovadoras, nuevas escuelas, adelantos avanzados, educación. Pero casi todos los seres humanos sienten un respeto enorme (e incluso miedo) ante la verdadera creatividad. Y eso también está bien pues: «¿Qué es en realidad la creatividad?».

¿QUÉ ES LA CREATIVIDAD?

La creatividad es una energía psíquica que proporciona energía vital a las personas. La creatividad sin freno ni control es una fuerza natural de potencia incontrolable. La creatividad incontrolada es como un fuego que todo lo aniquila a su paso.

La creatividad puede ocasionar un incontrolado «despertar» psíquico, que tienen que contener o coartar los psiquiatras y los psicólogos.

La creatividad precisa (continuando con el ejemplo del fuego) control para dar calor.

La creatividad necesita el deseo (amor) para despertarse y crecer; y para su desarrollo, disciplina y ser utilizada. Así entendida es el más valioso de los tesoros que tenemos en la vida.

Debido a que todas las personas gozamos de creatividad oculta o a nuestra disposición, todas tenemos la posibilidad de buscar una salida para enfocar el desarrollo de la nuestra.

Dependiendo de cómo experimente una persona con la creatividad, puede emplear conscientemente esa energía, aplicarla y hacerla útil o arriesgarse a utilizarla con precaución y recoger sus primeras experiencias con ella para hacer su vida más rica y plena.

Las pocas personas que han tenido una existencia llena de sentido, vitales e inquebrantables ganas de vivir hasta una avanzada edad, han utilizado la energía de la creatividad. Los padres tienen que aprender y comprender qué es la creatividad y cómo pueden servirse de ella para convertirla en la base de su vida y la de sus hijos. Y a través de eso conseguir una vivencia creativa, plena y feliz. Charlotte Bühler en su libro *Wenn das Leben gelingen soll* (Cuando hay que tener éxito en la vida) ha investigado vidas de diferentes sujetos y ha llegado a la conclusión de que la mayoría de las personas de edad avanzada ha terminado su vida con resignación. Ella descubrió que «muchas de esas personas resignadas hubieran tenido un final mucho más positivo si hubiesen contado con mejores instrucciones para el desarrollo de su existencia».

Ésta es la razón de la siguiente pregunta: ¿Cómo conservo la creatividad de mi hijo?

CONSERVE LA CREATIVIDAD DE SU HIJO

Trate a su hijo con cariño y firmeza y sea cada día un poco más creativo.

No podemos educar a los niños para que sean creativos, lo son por naturaleza.
Y cuanta más seguridad experimente el niño, más curioso será.
Cuanto más curioso sea, más creativo será.

Por tanto, dé a su hijo un apoyo seguro, guíele con firmeza y cariño, y conservará su creatividad natural y sus ganas de aprender.

Si renuncia más tarde a que su hijo se adapte al entorno (lo que no es necesario hoy en día, ya que un niño educado en un entorno seguro encontrará su sitio, no importa en qué medio se encuentre), y quiere que sea creativo en su vida diaria, ya tiene las condiciones óptimas para conservar su creatividad.

Si desea un mayor grado de creatividad, ésta no le supondrá problema alguno. Usted puede hacer la vista gorda porque sabe que pondrá orden rápidamente, puede observar con tranquilidad si su hijo se comporta de un modo «alocado» (sin estar loco).

Bajo condiciones normales no hay razón alguna para que temamos que la creatividad nos sobrepase. Y podemos ser cada día un poco más creativos desmontando nuestros bloqueos internos, nuestras inhibiciones. Para ello tenemos que superar nuestros límites paso a paso, sin saltarlos de golpe.

Para fomentar la creatividad necesitamos volver a ser curiosos y acercarnos al mundo con interés. Percibir el momento actual conscientemente, hacer más cosas que nos gustan, y menos de las que odiamos. Expresar de nuevo nuestros sentimientos (sin miedos o inhibiciones), aunque eso se describa como una «locura».

Pregúntese: ¿Puede sorprenderse aún con algo? ¿Puede sorprender a otras personas?

Ábrase a la vida, aprenda cosas nuevas, pero con tranquilidad para volver siempre a su fuente interior. ¡Acepte tranquilamente por una vez el caos!

TENGA CONFIANZA

Cuanto más se abra a lo creativo, más fácil le resultará sumergirse en un trabajo y olvidar por completo el mundo que hay a su alrededor. Con otras palabras: usted disfruta al máximo el momento presente. Ésta puede ser una experiencia agradable que no ha vivido nunca: un estado meditativo. Durante uno de esos estados meditativos puede suceder que salgan a la superficie de la consciencia sentimientos, sucesos y conocimientos de diferentes tipos.

Éste es un estado muy natural, ya que cuanto más abramos nuestra creatividad y cuanta menos resistencia opongamos a los sentimientos, también accederán más fácilmente a nuestra consciencia los miedos que antes habíamos «frenado» y controlado. Nos daremos cuenta de lo condicionados que estábamos y debemos, cuanto más libres nos volvamos, soltar y asimilar esas ataduras conscientemente. Lo que significa:

Tenga confianza, aproveche las cosas que se le muestran y luego déjelas marchar. Si logra usted esto habrá traspasado un límite, habrá conseguido mayor creatividad y más libertad. Si se asemeja al estado de un caos creativo, esté tranquilo.

DEL CAOS CREATIVO NACE UNA ESTRUCTURA

El psiquiatra italiano Roberto Assagioli, en su libro: *Psicosíntesis* ha descrito este estado como una concienciación interior. Todos los contenidos reprimidos de nuestra psique tienen que ser «digeridos» trozo a trozo y tenemos que saber que podemos terminar nuestras vidas, sin inhibiciones, liberados y responsables.

También el psicólogo Stanislav Grof y su esposa Christina se dedicaron a la «tormentosa búsqueda del yo« y reconocieron que primero hay que purificar el alma de sus impurezas, es decir, lo que hemos contenido en nuestra mente, reprimido y desconocido hasta ahora, hay que reconocerlo abiertamente a través de la concienciación antes de que una persona pueda acceder a la limpia e infinita energía vital de su yo. Si el libro antes citado de Stanislav Grof lleva como título

Die stürmische Suche nach dem Selbst (La tormentosa búsqueda del yo), ese adjetivo «tormentosa» ¡tiene su justificación! ya que a menudo la persona se siente en esa fase de desarrollo como en medio de un mar encrespado. Pero, como siempre, la respiración desempeña un papel importante en la resolución de los bloqueos mentales. Además es importante, también, mantener la calma en esos momentos que normalmente provocan miedo y conservar la confianza en las situaciones que están por venir. Ya que desgraciadamente solemos contener la respiración cuando nos pasa algo desagradable y en situaciones problemáticas impedimos el libre fluir de la energía. Si somos conscientes de ello y continuamos respirando de una manera consciente en esas situaciones, nos quitaremos un peso en los momentos difíciles. ¡Pruébelo!

Verá cómo, a través del ejercicio, la reacción de tranquilidad se convierte finalmente en rutina y sentirá la ordenada fuerza que nos da la respiración.

Un día se dará cuenta que ya no le molesta su hijo cuando se comporta como si estuviese «loco»: recuerdo a Benjamín, que se encaramaba a un árbol, armado con un palo, y se defendía a sí mismo (y a su yo) porque no tenía ganas de hacer los deberes u otras cosas desagradables. Y tampoco le molestará que el vecino mire con desdén ese extraño comportamiento y la impotencia evidente de su madre.

Ni siquiera le molestará que cuando tenga visita en la entrada haya calcetines sucios tirados por el suelo de la sala de estar o que su hijo esté pasando en ese momento por un ataque de ira. Lo único que le interesa es que a usted y a su hijo les vaya bien a largo plazo (y naturalmente no sufra ningún daño).

Los vecinos y amigos se tranquilizarán de nuevo cuando les explique serena y alegremente (después) que es la forma de ser de Benjamín si alguna vez se comporta de una manera al parecer absurda (este comportamiento tarde o temprano termina desapareciendo por sí solo, dicen los especialistas). O que usted tiene tanta confianza con su hijo (y su pareja) que a veces hay calcetines tirados por todas partes, y usted y su pareja prefieren disfrutar del buen tiempo, la buena cocina, los niños (!) u otra cosa en lugar de recogerlos, y el resto se ordena en un momento. También puede explicar que es muy necesario que un niño tenga estallidos de ira, pues así se disminuye la agresividad; por eso es bueno que chille de vez en cuando, pero que el niño vuelve a su ser en cuestión de segundos y luego es de nuevo feliz y que, además, no hace daño a nadie, gracias a ello adquiere muchas ganas de vivir, de ir a la escuela, de hacer deberes, etc. Diga a sus vecinos y amigos, con tranquilidad, que también usted tuvo que aprender a vivir con ello, pero ha conseguido llevarlo mejor y está relajado, y que ha sido beneficioso para todos los miembros de la familia, en especial para su hijo que ahora es más alegre y tiene una mayor capacidad de trabajo.

¡No se preocupe, no perderá su familia, ni vivienda, ni trabajo por culpa del comportamiento más «activo» de su familia y de su intensa creatividad!

Es un error pensar que si se adapta no perderá las cosas que teme perder. En realidad es todo lo contrario. Está rodeado de personas alegres y de confianza que perdonan sin dudar sus deslices. ¡Y cuando su hijo despliegue todos sus encantos, después de su ataque de ira (en lugar de dar vueltas sobre su sentimiento de culpa hacia los vecinos), sentirán envidia del hijo que tiene!

¡Y en lo que se refiere a su trabajo, también se convertirá en una persona creativa! (Pues si usted sigue «creciendo» o desarrollándose en el ámbito del trabajo, significa que tendrá sentido de la responsabilidad y decidirá de manera realista, ya que su actitud vital abarca todos los ámbitos de su existencia.)

Exija a la vida lo que desea para usted y para su familia, tome lo que le corresponde y acérquese a todas las personas de su entorno que piensa que son tolerantes, y trate también a los semejantes que le rodean con tolerancia. Así creará un ambiente desenfadado y afable, en el que a todos les apetezca estar. Sea indulgente con usted mismo y los demás, y disfrute de la vida.

En el caso de que surjan problemas (que, como es de esperar, surgirán) para los cuales no encuentre ayuda en el capítulo, Cómo puede ayudar a su hijo, donde se dan consejos para solucionarlos, acepte la ayuda de un experto. A menudo es suficiente una corta llamada telefónica, y el intercambio de ideas con una persona que está alejada del problema, para solucionar el bloqueo existente. No tenga miedo de una charla en la que precise entrar en detalles.

Por mi experiencia sé que las dificultades se superan en un plazo de tiempo corto, tan pronto como la energía vital vuelve a fluir y las cosas empiezan a ir bien.

Y piense en inspirar y espirar tranquilo; aún mejor si lo hace con el estómago.

En realidad podría terminar el libro con esta frase. Pero antes de que lleguemos al final quisiera presentarles mi Pedagogía del Ser, así como la fórmula para una larga vida, sin las que sería impensable mi trabajo con niños y padres. Quizá ambas cosas le ayuden para hacerse una idea completa, después de la lectura de este libro, de mis principios pedagógicos. Es posible que le sirva para la superación de los problemas de aprendizaje.

E L CAMINO HACIA LA AUTORREALIZACIÓN

PEDAGOGÍA DEL SER

Al terminar la vida de una persona no la mediremos por lo que ha hecho o ha dejado de hacer. Sino por llegar a ser ella misma.

El psicoterapeuta norteamericano Abraham A. Maslow, que como precursor de la investigación de los potenciales humanos es considerado una figura muy importante, trata en su libro *Psicología del ser. Una introducción*, sobre la psicología de la autorrealización. Descubrió que en una escala jerárquica de valores, la autorrealización estaba en el lugar más alto, y describe las necesidades psicológicas básicas que tienen que ser satisfechas para que una persona que quiere desarrollarse pueda en primer lugar autorrealizarse. Además, en su libro ha esbozado un esquema de los individuos que han llevado a cabo una vida autorrealizada.

Mi pedagogía del ser nació como inspiración de la psicología de Maslow. Sin embargo no digo que la pedagogía tradicional y la pedagogía del ser sean diametralmente opuestas, sino que amplío la pedagogía tradicional con la pedagogía del ser. Ya que, desde mi punto de vista, la pedagogía convencional se basa en la mitad izquierda del cerebro mientras que la pedagogía del ser lo hace en la mitad derecha. Pero como ya hemos visto en el capítulo: ¿Cómo surge el miedo a partir de los problemas de aprendizaje?, el aprendizaje implica ambas formas de aprender: el pensamiento que da una estructura, más bien mecánico, lógico-analítico, así como la comprensión del contenido, el aprendizaje intuitivo en su integridad. En el centro de la metódica y la didáctica se encuentra siempre el descubrimiento y el desarrollo del yo en el ser.

Por tanto, la pregunta: «¿Por qué aprende el hombre?» tiene como respuesta: para crecer y para conseguir un mayor desarrollo de su yo. En la pedagogía tradicional la respuesta sería (definido en pocas palabras): para acumular conocimientos. Aunque, mejor, debería decir: para aprender el pensamiento lógico y para conseguir la capacidad de abstracción.

A la pregunta: «¿Cómo aprende una persona?», la pedagogía del ser responde: de manera intrapersonal, es decir, de dentro a fuera, desde pautas y necesidades internas del individuo.

En la pedagogía tradicional la respuesta, por el contrario, es: de manera interpersonal, es decir, del profesor al alumno, desde las normas del plan de estudios.

Bajo este punto de vista, la pedagogía del ser de la vida (del aprendizaje) no cree en absoluto que la persona tenga que sufrir, soportar y padecer pasivamente y, por supuesto tampoco, que deba «vivir o morir» por el destino.

Aprender se contempla como una tarea creativa, como un reto y una responsabilidad, como un crecimiento y un proceso de aprendizaje permanente. Aquí aprender es algo siempre dinámico y no estático.

En la pedagogía del ser la enseñanza de las fases de desarrollo del conocimiento, la iniciación y las conclusiones de los nuevos contenidos que hay que aprender son una parte de la que no se puede prescindir. Según esta pedagogía el ser humano siempre ha sido un alum-

no y un transformador. Por ello la pedagogía del ser se podría llamar también pedagogía:
- del desarrollo
- del yo
- del crecimiento
- del amor
- de la mitad derecha y de la mitad izquierda del cerebro de las personas
- del desarrollo de la personalidad.

Diferencio dos campos en la pedagogía del ser.

1. Respecto a la educación del niño, se ocupa en primer lugar de la conservación de la creatividad infantil y de la dinámica del crecimiento y el desarrollo, en la que además trata de la formación de la personalidad infantil, por ejemplo, de los fundamentos de los modelos de fases de Eric H. Erikson, es decir, la adquisición y la práctica de las modalidades psíquicas:
- confianza primigenia
- autonomía
- iniciativa
- autoconfianza
- identidad.

Y también, en armonía con los procesos corporales y del desarrollo del niño.

2. Respecto a la educación a posteriori de los adultos, cuyo objetivo es volver a descubrir las partes reprimidas o, como las denomina Arno Gruen en su libro *Der Verrat am Selbst* (La traición del yo), «reveladoras» del yo y de la creatividad, desarrollarlas y aumentarlas en armonía con la propia personalidad y el entorno. El fortalecimiento de la personalidad y las modalidades psíquicas tienen que ser las partes fundamentales del aprendizaje, al igual que en la pedagogía infantil. Pero no en relación con las fases de crecimiento corporal,

sino como educación a posteriori en los adultos. Se lleva a cabo a través de la concienciación y la reactivación de las situaciones infantiles. Esto hace que los contenidos psíquicos reprimidos vayan desapareciendo, lo inconsciente y el miedo se disuelven a través de la concienciación y el alma se limpia y cura de las impurezas.

Para pasar de un aprendizaje interpersonal a uno intrapersonal, el adulto tiene que reencontrarse con su alegría de vivir, necesita dejarse guiar por una vida más creativa como por una brújula (*véase también* Alexandre Lowen *Lust, der Weg zu kreativen Leben* [Alegría, en el camino hacia una vida creativa]*)*.

Durante la solución de conflictos y traumas dentro del proceso de educación a posteriori, el adulto se hace consciente de que su anterior dependencia infantil y su miedo a la pérdida (las propias necesidades infantiles han sido negadas en favor de las exigencias del entorno) ya no tienen la misma importancia que antes.

Hoy es un ser que actúa con independencia, que vive satisfaciendo sus propias necesidades.

Es fácil entender por qué esta pedagogía significa un incremento de las tareas del educador, profesor y terapeuta. Trabajan, en la pedagogía del ser, no sólo como transmisores de conocimiento, sino como compañeros de viaje que participan, al igual que el escolar (o niño o adulto), en un proceso de crecimiento, aunque con mucha más experiencia. Son en esencia mentor y modelo.

Un pedagogo debe cumplir las condiciones siguientes:

- Dominio del encauzamiento y guía hacia un aprendizaje intrapersonal.
- Conocimiento de las técnicas para el fomento de la motivación intrínseca.
- Dominio de la utilización selectiva de motivación extrínseca para la superación de los bloqueos en el comportamiento.

- Reconocimiento y mejora de las aptitudes individuales.
- Educar pensando en el desarrollo, es decir, poder satisfacer las necesidades básicas de seguridad, pertenencia, amor y atención, para que el escolar siga queriendo aprender y continúe siendo curioso.
- Dar al escolar estímulos para el desarrollo y hacer que la regresión parezca menos atractiva (retrocesos por miedo a anteriores niveles de desarrollo, enfermedad, negación a aprender).
- Crear en el escolar una confianza primigenia, autonomía, iniciativa e identidad recíprocas.
- Poseer autonomía y poder autoeducarse.
- Reaccionar en el momento presente adecuadamente a las exigencias y los retos.
- Ser experto en despertar el deseo y guiar al niño hacia la creatividad.
- Enseñar para la edificación de objetivos personales.
- Transmitir técnicas para el fomento de la personalidad.
- Reducir la resistencia.
- Potenciar la fuerza de voluntad.
- Poseer conocimiento de las reglas del aprendizaje, así como saber introducir al alumno en las capacidades del pensamiento lógico-abstracto.
- Conocer y transmitir técnicas de concentración.
- Ser paciente y tener atención y responsabilidad hacia la vida (requisito ético).
- Tener absoluta confianza en la vida y en las fuerzas curativas y fortalecedoras que se encuentran en ella.
- Un trato divertido con el escolar, amigable, que inspire confianza.
- Ser tolerante.
- Renunciar a la aspiración de seguridad y poder, disfrutar de la vida.

Resumiendo: educadores, profesores y terapeutas tienen que experimentar y entender la pedagogía del ser en sí mismo como personas que aprenden, se transfor-

man y crecen para estimular al escolar hacia el crecimiento personal. Al mismo tiempo deberían estar en
disposición de dar al alumno ellos mismos, como personalidad de referencia, estabilidad, seguridad y estructura dentro del difícil proceso de crecimiento.

Esto exige un trabajo permanente en uno mismo (¡no
en los otros!) y conduce a una vida dinámica, creativa y
llena de sentido.

Si la pedagogía del ser funciona, la persona puede apro-
vechar todo su potencial y alcanzar su propia dimensión humana.

En física se conoce como superconductor al elemento
que no ofrece ningún obstáculo que impida el flujo de
energía. En el siguiente apartado veremos cómo podríamos traducir los conocimientos físicos de la electricidad
a la energía eléctrica humana.

LA FÓRMULA PARA APRENDER DURANTE TODA LA VIDA

Cada cierto tiempo me vienen a la memoria las clases de física y electricidad, cuando los padres acuden a
mi consulta y me cuentan entusiasmados que en el
transcurso del tratamiento han encontrado la «conexión» con sus hijos o que habían conseguido que se
«pusieran en marcha».

Por eso quiero exponer seguidamente una ley de física
(la llamada ley de Ohm), a la que ya me he referido
antes, en la que se dice cuáles son las reglas necesarias
para que fluya la energía:

$$I = \frac{E}{R}$$

La ley de Ohm nos dice que cuanto mayor es la energía eléctrica I, mayor es la tensión E y menor la resistencia R.

Como no quiero que este apartado se convierta en un «ejercicio con fórmulas», me limitaré sólo al planteamiento aritmético básico y a su desarrollo.

Por tanto:

$$I \ (\text{energía}) = \frac{E \ (\text{tensión})}{R \ (\text{resistencia})}$$

Si fluye una fuerte energía eléctrica (también puede tratarse de energía vital o creativa), debe soportar una gran tensión. Por ello es necesario que la resistencia baje casi a cero, es decir, la resistencia debe ser la menor posible. En el caso contrario, la resistencia bloquea la energía y ésta sólo puede fluir en pequeñas cantidades. Cuando la resistencia (con una alta tensión) es igual a cero por así definirlo (es decir, es muy baja), el objetivo de los físicos se consigue: la energía fluye sin impedimentos por la conducción. En física esto recibe el nombre de superconductor.

Esta superconducción se puede trasladar (al igual que en la electricidad) a la energía física de las personas: cuando la persona puede ser conductora y dirigir (la persona soporta una tensión alta) su energía psíquica (creatividad, productividad) sin, o mejor, con una resistencia interna insignificante, entonces también podemos hablar de superconducción, es decir, este tipo de persona utiliza casi toda su energía mental para dominar su vida.

Para que esto sea así, es decir, funcione la superconducción, tenemos que ser conscientes y solucionar los obstáculos que nos bloquean, también los conflictos y traumas. Este camino es pedregoso y hay que navegar alrededor de muchas rocas hasta alcanzar la «superconducción» y para ello hace falta tener muchos conocimientos de navegación.

Si recuerda la ley de Ohm que aparece en la página 115, entonces comprenderá mejor, quizá, por qué le he pedido que no luche contra las dificultades de su hijo. Ahora sabe que cada lucha es una resistencia, que lleva a una pérdida de energía (energía vital) y en el peor de los casos al bloqueo. Y quizá pueda entender mejor el mensaje que he querido transmitir durante todo el libro: elogie a su hijo y acepte su naturaleza sin condiciones. Ya que el amor es el estado que mayor energía y menor resistencia facilita.

Por ello es el amor el remedio a todos los bloqueos y dificultades, ya que proporciona energía libre y hace que la energía vital vuelva a fluir.

También en la vida, el momento actual, el presente, es el estado de menor resistencia.

Es fácil que los identifiquemos si a las letras I, R y E, les aplico los siguientes sinónimos:

Para I (I = energía):
• energía
• energía vital
• creatividad
• yo
• mente
• presente
• mitad derecha del cerebro
• ser

Para E (E = tensión):
• tensión
• objetivo
• reto
• tarea

- yo
- futuro
- deseo
- mitad izquierda del cerebro
- concentración
- disciplina

Para R (R = resistencia):
- resistencia
- conflicto
- miedo
- crisis
- resignación
- dificultades
- pasado
- entorno
- pensamiento
- lucha

Puede intercambiar estos conceptos sinónimos (según sus ganas y humor) y si usted quiere puede llegar a conclusiones sorprendentes.

Pero volvamos a lo esencial de este capítulo y a la pregunta ¿cuál es la formula para aprender durante toda la vida? Cuando una persona ha logrado crear la llamada «superconducción», y también disfruta libremente de su creatividad para superarse en la vida, tiene lugar una existencia radiante.

Cuando las resistencias internas desaparecen y la persona ha conseguido «seguridad en sí misma» (si el objetivo consiste en ser consciente del yo en el mundo), entonces las resistencias estarán en el exterior y tendremos que vencerlas y transformarlas en energía.

También esta circunstancia podemos ilustrarla por medio de la ley de Ohm. Si despejamos la E en la fórmula (tensión, en sentido figurado, también tarea u objetivo), tenemos:

E = R x I (es fácil de recordar: «ERI»)

Cuando la equivalencia se resuelve de este modo, la tensión es tan grande como la «energía x resistencia».

E	=	**R**	x	**I**
⇓		⇓		⇓
Tarea		Dificultades		Energía para
Reto		Miedo		la superación
Objetivo				de la tarea

Expresado en palabras no significa otra cosa que: siempre que nos encontremos ante un nuevo objetivo, una nueva tarea, se forma primero la magnitud de la tarea, es decir, del objetivo se deriva una resistencia, que debe «trabajarse mucho». Al mismo tiempo tenemos a nuestra disposición la energía que nos llevará a la solución y que nos proporcionará el éxito. Nos sucederá lo mismo con cada nueva tarea, lo que supone un crecimiento y un proceso de aprendizaje permanente.

Esta fórmula expone las dificultades y la solución para situaciones problemáticas.

Para los que se divierten con este tipo de juegos de relación de ideas, el ejemplo en el reino de la física puede haber sido interesante y digno de atención. Para todos los demás este ejemplo quizá haya aclarado que para vivir, para crecer, para aprender son necesarias las resistencias que vienen asociadas al aprendizaje. Y que cuanto mayor sea la energía (fuerza vital) de una persona, más resistencias habrá superado.

Pero si alguna vez la resistencia se le hace insuperable, quiero resumirles, al final del libro, los siete pasos para el éxito en el aprendizaje, así como el SOS para ayudarles a reconducir la «energía» en una situación crítica y reiniciar con éxito el proceso de aprendizaje que ya había comenzado.

R ESUMEN

LOS SIETE PASOS DEL ÉXITO EN EL APRENDIZAJE

1. Formule en positivo el objetivo al que quiere llegar. Por ejemplo: ¡Florian está muy satisfecho cuando lee contento!
2. Establezca junto con su hijo reglas para alcanzar el objetivo, para practicar a diario. Por ejemplo, leer cada día un capítulo.
3. Preocúpese de que las reglas se cumplan. Lleve, por ejemplo, un calendario en el que todos los días marca una cruz después de haber terminado un ejercicio.
4. Comente con su hijo medidas a tomar por no haber cumplido algún ejercicio diario. Por ejemplo, prohibición de ver la tele hasta que se haya restablecido la rutina de los ejercicios diarios.
5. Discuta las recompensas para usted y su hijo al haber cumplido las reglas. Por ejemplo, ir a la piscina o algo que les guste a ambos.
6. Apunte todos los éxitos relacionados con lo que está aprendiendo en un libro separado. Por ejemplo: Florian ha leído voluntariamente un capítulo más.
7. Mire a su hijo y a usted mismo de manera positiva y confíe en la fuerza de autorregeneración de su hijo. Por ejemplo: «Hoy ha salido todo torcido, pero ya hemos adelantado mucho y mañana seguramente todo irá mejor».

SOS PARA SITUACIONES DE EMERGENCIA

1. Permanezca tranquilo.
2. Elimine el estrés de la situación inspirando y espirando con tranquilidad.
3. Conserve su autoridad y sea cariñoso con usted y con su hijo.
4. Sea realista y contemple los logros que usted mismo y su hijo han alcanzado hasta ahora.
5. Piense en las dificultades como superables.
6. Aplace la discusión sobre el problema para más tarde y revise Los siete pasos del éxito en el aprendizaje. Quizá fue descuidado en el cumplimiento de alguno de ellos.
7. ¡Tenga confianza!

A GRADECIMIENTOS

Después de que usted y yo hayamos aprendido tantas cosas hasta llegar aquí (también yo he pensado muchas veces «ahora lo entiendo» mientras escribía este libro), quisiera agradecerle de corazón su interés y su atención durante la lectura.

Estoy convencida de que, como yo al escribirlo, usted también ha seguido su lectura con interés y buena predisposición interna.

Mi mayor deseo es que, a través de este libro, usted reciba lo que yo he recibido de usted (en cierto modo por adelantado) al escribirlo, y que piense muchas veces «ahora lo entiendo» en el presente y el futuro.

Gracias.

También agradezco a mi hijo Per-Kristian y a mi hija Ann-Kristin su progreso, que es mi mayor reto en esta vida. A mis alumnos Simone, Christina, Emanuell, Alexandra, Florian, Patrick, Nicole, Chacon, Michael, Amelie, Frederick, Falk, Kristina, Marc, Cornelia y Katharina, y a sus padres, así como a todas las personas que me han ayudado en los momentos decisivos y que me han protegido durante las fases de crecimiento.

B IBLIOGRAFÍA

ADAMS, KEN. *Tenga un hijo genial*. Ediciones Médici, Barcelona 1997.

DELAHAIE, PATRICIA. *Cómo habituar al niño a leer*. Ediciones Médici, Barcelona 1998.

DUNN, R., DUNN, K. Y TREFFINGER, D. *Cómo desarrollar el talento natural de su hijo*. Ediciones Médici, Barcelona 1995.

ENGLER, CAROLA. *Cómo hacer los deberes divertidos*. Ediciones Médici, Barcelona 2001.

JONES, CLAUDIA. *Cómo ser el mejor profesor de su hijo preescolar*. Ediciones Médici, Barcelona 1992.

JONES, CLAUDIA. *Cómo ser el mejor profesor de su hijo en edad escolar*. Ediciones Médici, Barcelona 1992.

LUDINGTON-HOE, S. Y GOLANT, S.K. *Cómo despertar la inteligencia de su bebé*. Ediciones Médici, Barcelona 1993.

MORTEMART, PARME DE. *Mi hijo se expresa bien*. Ediciones Médici, Barcelona 1997.

TORRES, ELENA. *Cómo despertar la curiosidad científica en su hijo*. Ediciones Médici, Barcelona 1993.